# 服饰品牌升级

## 跑赢需求变化

贾小艺 ○ 著

民主与建设出版社

· 北京 ·

© 民主与建设出版社，2024

**图书在版编目（CIP）数据**

服饰品牌升级：跑赢需求变化 / 贾小艺著．

北京：民主与建设出版社，2025.3. --ISBN 978-7

-5139-4846-3

Ⅰ. F768.3

中国国家版本馆 CIP 数据核字第 20246H7Q70 号

服饰品牌升级：跑赢需求变化

FUSHI PINPAI SHENGJI PAOYING XUQIU BIANHUA

| | | |
|---|---|---|
| **著　　者** | 贾小艺 | |
| **责任编辑** | 刘　芳 | |
| **封面设计** | 柏拉图设计 | |
| **出版发行** | 民主与建设出版社有限责任公司 | |
| **电　　话** | （010）59417749　59419778 | |
| **社　　址** | 北京市朝阳区宏泰东街远洋万和南区伍号公馆 4 层 | |
| **邮　　编** | 100102 | |
| **印　　刷** | 文畅阁印刷有限公司 | |
| **版　　次** | 2025 年 3 月第 1 版 | |
| **印　　次** | 2025 年 3 月第 1 次印刷 | |
| **开　　本** | 787 毫米 ×1092 毫米　1/16 | |
| **印　　张** | 15.5 | |
| **字　　数** | 181 千字 | |
| **书　　号** | ISBN 978-7-5139-4846-3 | |
| **定　　价** | 65.00 元 | |

注：如有印、装质量问题，请与出版社联系。

# 目 录

| 第二章 |

# 精准战略制定：从经营生意到经营消费需求

| 第三章 |

# 引领情绪消费：打造情绪价值，重塑品牌吸引力

# 序

服装行业是一个竞争非常充分的行业。伴随着消费者需求升级、消费者认知升级、消费需求群体结构更迭、行业供给过剩，服装行业近几年已经进入消费者需求导向时代。

我们需要从新消费需求价值观、新消费情绪中，寻找精准的营销理念；我们需要从新消费需求属性的分解与量化决策中，找到产品创新的落脚点；我们需要从消费行为心理分析中，确定品牌战略与产品策略方向……面对消费者需求导向时代，服装行业需要从经营生意，过渡到经营消费需求。

本书将从消费需求视角，与读者分享在服装品牌定位、竞争策略、产品策略、应变模式、流量效率、情绪价值等环节，如何运用消费者需求分析方法来解决经营中的问题。

为什么要写这本书？

互联网时代信息过度传播。我一直秉承一种原则，能用一句话讲清楚的就不要写一篇文章，能用一篇文章讲清楚的就不要写一本书。

而写这本书，是我深思许久的决定。

写这本书的原因主要有两点。一是服饰是一个市场需求非常不确定的行业，新理念产品、新生活方式、新需求价值观层出不穷，同时伴随着市场竞品的供给不确定性，在市场压力面前，大部分企业在理解消费者上颗粒度比较粗，对消费者需求、消费需求策略方面缺少专业的可量化的成熟的经验积累。我希望通过自己近 20 年在消费者需求导向决策方面的咨询工作中获得的经验心得，从消费者需求视角，为大家带来一些应对竞争、品牌定位、品牌产品研发、品牌升级的启发。

二是洞察消费者需求、确定需求策略并非只需要仁者见仁、智者见智的碎片化知识，还要有体系化的、可闭环的、可还原评估的完整需求决策体系，这对于服饰企业的部门协作来讲非常重要。消费者需求包括理性需求和感性需求，大多数人都可以说清楚理性需求，但是把感性需求说清楚，并达成一致比较难。这让不少服饰企业从产品策略、产品研发到产品营销各环节，消耗了巨大的机会成本，制造了无法统计的决策风险。

把消费者需求量化与品牌决策挂钩，不是简单地把消费群进行分类。今天，我们很难再用职业、收入、年龄这些大颗粒度去做消费者需求分类。我们需要从需求属性、需求量化角度去梳理，找到精准的品牌价值诉求。因为同一个消费者，对不同品类的需求和消费价值观是完全不同的，个性化的需求，背后其实是多种个性化需求的集成。也就是说，满足消费者的个性化需求，不仅仅是满足单一需求，而是满足不同的独特需求和偏好的集合。

细分时代，我们如果不理解个性化到底意味着什么，是很难做好品牌的。细分时代的竞争，意味着精准个性化需求经营的竞争，未来需要用匠心去做细分市场。个性化需求，需要通过客观的量化，才能被提炼出来，并用于策略层面的思考。

本书系统化地梳理了消费者的理性需求、感性需求，希望对大家解决实际经营问题提供帮助。比如，进行消费者需求洞察要量化哪些需求、如何从量化分析中思考消费需求策略、什么运营模式下消费者流量效率更高、符合目标消费者需求的品牌模式差异主要体现在哪里、如何进行情绪价值创新等，这些问题都在本书中有具体的讲解，并用大量真实案例来阐述说明。

书中从消费需求洞察、精准战略制定、引领情绪消费三大部分，与大家展开讨论服装行业以消费者需求为导向的更具体、更系统的决策分析方法。

消费者需求视角的深层思考和认知决策，属于品牌企业商业模式的核心。未来是细分市场时代，细分市场比拼的就是精准性和专业性。精准性泛指精准需求洞察、精准决策、精准研发、精准营销，其中精准需求洞察和精准决策是基础。

本书以业态复杂的女装品类作为阐述背景，通过真实案例为大家讲透感性需求、理性需求的需求策略与竞争模式。这是因为女装品类竞争成熟度高、个性化需求更复杂，看懂女装不同细分市场的需求策略与竞争模式，对男装、童装、运动、内衣、时装包、配饰、家纺等领域都有非常强的借鉴意义。书中隐藏了非常多的可以拿来就用的消费需求策略，等待大家去发现。

另外，只有认知、分析、决策还不够，关键还要执行落地。书中围绕消费者需求变化、需求价值观变化、群体需求结构变化等，给出了企业应对变化的落地执行体系，也提供了很多经验心得和真实案例解读。这都是我在项目咨询工作中验证过并拿到结果的方法和思路，希望给读者一个完整的消费者需求导向决策应用体系解读。

需要强调的是，本书内容不是一个品类、一个品牌的经验总结，而是适合大多数品类、大部分品牌的方法论，有完整的体系和实战案例支撑。

期待通过本书与您结识，也非常希望您对本书内容提出宝贵意见。

第一章

————

# 消费需求洞察：
# 比消费者更懂消费者

快速变化的时代，品牌、经营者对于消费者的认知，经常滞后于消费者认知。品牌、经营者对于市场和消费者需求的判断，习惯于站在过去经验的延长线上。面对消费者需求的变化，很多品牌措手不及，一直处在疲于应对需求不确定的决策压力中……

作为行业从业者，建立一个适合行业的消费者需求认知体系，专业、客观、微观地洞察与认知消费者需求，与此同时构建一个完整的决策方法体系，让我们从容应对消费者需求的多样化和市场的不确定性，是非常必要的。

比如品牌定位、品牌经营的过程中面对需求变化的选择，或者品牌转型升级的选择，其背后是消费群结构、消费需求结构、消费者需求价值定义的选择。做出这些选择，不能靠"赌"、凭直觉，需要经过概率计算，分析哪一种消费群规模更大、哪一种消费需求更有稳定性、哪一种消费需求价值有更多人追随等。但做概率计算之前，首先要掌握消费者多维度需求的量化方法，这不是通过简单的数据统计分析就可以解决的，而是要在需求定性的认知体系基础上进行专业的需求数据的分析。这对于重视感性需求的服饰品类来说非常重要。

选择某一类消费者需求是一种品牌战略，消费者需求的本质是品牌对消费需求的某些算法的集成。

我们需要比消费者更懂消费者。只有比消费者更懂消费者，才能更好地服务消费者；只有比消费者更懂消费者，才能做出符合企业持续发展的精准决策。

# 理解消费需求，看透市场趋势

信息发达的今天，消费者获取信息非常方便。无数的博主以消费需求为视角讲述各种产品的避坑经验和选择要点，无数的商家也通过短视频、直播介绍自己产品的特点、优势；我们不难获取行业内宏观的需求趋势报告，以及很多线上商家的销售数据。

今天，我们看似可以获取的信息非常多，但是，信息多并不一定能帮助我们做出正确决策，反而容易干扰我们决策。

比如，我们去看很多竞品的数据，想从中判断销售趋势，但是在互联网平台有海量产品销售的今天，我们其实很难判断某一个品类过去的销售是在什么契机下产生的，以及同样的销售未来是否有延续性。

再如，趋势报告是对统计结果的描述，我们不知道这些数据是怎么统计出来的，更不清楚这些统计数据形成的原因是什么。趋势报告是宏观方向的，也许和我们做的品类一点儿关系都没有。

我们需要探索需求的本质，从消费者需求角度去分析消费需求的底层逻辑，然后通过逻辑推导来验证一些数据的准确性，再从消费需求的底层逻辑，去推断市场趋势的衍化时机和节点在哪里、是什么。

## 消费者需求洞察的四个误区

一谈到消费者需求调研，如果你搜索关键词，互联网媒体中会出现非常多的观点，甚至很多经营者都认为自己是了解消费者的，觉得了解消费者并没有什么用。

一个老板告诉我："我们调研过消费者，消费者根本说不清楚自己需要的。"还有一次咨询项目，我在报方案的时候提出要做消费者调研，客户非常气愤地说："我们整天都泡在网上，对各种数据特别了解，调研消费者是没有用的。"……

为什么会这样？

因为很多经营者用颗粒度较粗的信息去定义消费者需求和需求差异，他们已经很熟练地把这些粗线条的需求定义和数据与一些观察进行链接，并从这些信息中得到想要的决策答案，所以他们对消费者需求调研非常不理解。

实际上，这里存在着很多认知误区。

### 1. 不要通过数据来了解消费者需求偏好

通过不同品牌、品类的销售数据来分析消费者偏好，是比较常见的方式；通过搜索热词排名了解消费者需求偏好，通过品类款式的卖点关键词去推断消费者需要什么，也是常见的方式。公开数据很容易获取，所以一些经营者、营销人员习惯用数据分析的方式来了解消费者需求。

数据分析对一些关键词的需求规模，或者说流量标签属性下的需求规模，会有一个很好的呈现，可以帮助经营者判断流量推广的投入倾斜，或者品类经营倾斜。这种被分裂成碎片的关键词，用于营销推广没问题，用在品牌消费群策略的制定、产品战略方向上却不行。因为每一个关键词往往只代表一个点，而消费某个产品是因为一个需求集成，或者在特定需求动机下的不同类型的需求集成。

通过数据分析需求，最终被确认的关键词分析，只能是某一个关键词的占比和选项，无法还原完整的消费需求动机和需求分类规模。通过数据分析是无法精准做出改变市场方向的决策，或者品牌具体的升级迭代决策的。

因此，如果一个人在不了解消费者需求定性分析的基础上，去做关键词定量分析，是不精准的。只有真正地了解消费者需求定性、需求属性，通过数据来辅助判断，用数据来论证某种需求的可行性或者需求规模，这种消费者需求分析对于决策才有重要意义。

当然，通过大量的数据分析，来判断各种数据之间的关联性、相关性，然后得到科学判断不是不行，但是难度很大，一般的数据分析师是做不到的。如果是精准的分析预测，需要运用难度较高的数据算法，而这只有具备数学专家级水准的人才能胜任，显然不是每个企业都有这样的人才。

## 2. 不要通过逛市场来了解需求趋势

很多设计研发人员，每到产品开发季，就会习惯性地通过走访市场（批发市场、零售市场）来判断趋势、寻找灵感。他们告诉我，这是设计开发前的市场调研，通常每年甚至每个季节他们都会去逛一下。现在线上品牌众多，他们还会长期泡在小红书，或者国外一些网站上，去搜集各种趋势图片，以此来了解消费趋势。他们认为，消费者没什么好调研的，消费者说不清楚，穿得也不好看，还不如直接拿来一些当季最好看的、最流行的款式，推销给目标消费者；消费者需要引领，而不是要去洞察消费者需求。

了解市场上有什么，本质上反映的是市场上的竞品同行是怎么做决策的；了解外网有什么，本质是想了解外网的一部分需求属性是怎样的。别人怎么做、是什么，不代表你的目标消费者就会需要，也不代表你的品牌战略就会适合。

通过逛市场获取趋势信息是一种参考，是看到市场上有什么。基于此，你应该思考如何跑赢竞品同行，而不是你也要做成那样。通过外网获取一些款式趋势信息，更多是看哪些设计手法如何创新地解决哪些需求难题，消费需求是怎么解决的，而不是拿来主义，直接挪用别人的解决方案。

市场趋势、外网趋势，是形成决策的一部分信息。设计研发人员如果觉得只是通过这些就可以做出款决策，那么设计出的产品，其市场风险可想而知。

### 3. 不要通过畅销款来判断品牌需求

通过畅销排名来判断消费者需求偏好，也是业内比较常见的分析方式。畅销款，是被验证过的需求，通过畅销款判断过去的消费者需求趋势，是准确的。只是要注意，畅销款并不一定是品牌需求。为什么？

畅销通常是一个商品集成了一种需求，这种需求具有一定的共性。具有需求共性的款式，其需求框架非常值得被提炼出来，在日后的产品开发标准中运用。同时，畅销款的优势、设计完整度等也值得品牌延续推广。

但是情况往往是这样的，数据分析者在看到畅销数据以后，并没有进行畅销款的需求属性提炼和产品优势提炼，而是把畅销款拿过来，换个面料、换个颜色继续跟进。有些需求共性宽的款，销售周期长，这样做还好，遇到需求共性不是太宽、只是相对畅销的款，用这种跟进策略，就特别容易把品牌做老，甚至做死。因为季节属性，服饰商品的热销周期较短，就算是模仿畅销款进行简单改款，往往也会因跨季了而创新不够，让流量不稳定的品牌的老顾客快速流失。

在消费者选择自由的今天，模仿畅销款很难积累存量顾客。品牌必须有持续的吸引消费者的能力才可以积累存量顾客。即便是线上店铺，如果只靠一个优势点带动，那么店铺的流量需求结构就是不健康的。

### 4. 死守风格，不去升级需求

一个品牌因为曾经定位的风格获得了市场认可，并且积累了一定的粉丝规模，因此品牌非常坚定地认为，目前的品牌风格就是目标消费者喜欢的，满足了消费者的需求。品牌多年坚持以风格为中心，每年每季小心翼翼地维系着这个风格，不敢做出改变，即便已经发现老顾客的需求量在下滑、粉丝活跃度萎缩，也不敢"越雷池半步"。

的确有坚持多年不更换风格的消费者，但是这不代表消费者不会审美疲劳。如果品牌做不到风格的合理升级，那么品牌的生命周期就很容易到头。

了解消费者需求，需要与消费者保持互动。只有通过互动机制，不间断地洞察消费者的新需求信息，品牌才能让自己的风格跟得上消费者的需求变化，持续得到消费者的喜爱。

**洞察消费者需求没有捷径，更不能偷懒不做，因为错误判断需求的成本太高、风险太大。企业只有真的了解消费者需求，并且会量化那些需求，才能够通过相关数据分析论证，并做出客观的、准确的决策。**

那么，怎么分析时尚、感性服饰商品的消费者需求呢？

## 分层解读消费者需求

理解消费者需求，最核心的是从产品需求匹配角度出发。

想象一下，如果让你概括形容购买你服饰产品的消费者的偏好是什么，你会列出哪些关键词，或哪些描述？

比如年龄在 25~45 岁，喜欢流行穿搭，对品质、性价比比较挑剔，日常喜欢看小红书，喜欢简约设计中融合一些流行元素，有自己的时尚见解，消费能力属于中等水平，等等。列出这些，你感觉自己已经非常了解消费者了，因为这些看起来好像已经描述出你的消费者是谁了。

真的是这样吗？如果你去看一下市场中的竞品品牌，你会发现好像非常多品牌的目标消费者也比较符合这些描述，那么你的品牌消费者的需求差异在哪里呢？

如果回到经营者的角度，凭上面这些对消费者需求的了解，你是否可以做出有建设性的经营决策呢？比如，你需要做品牌明年的消费群策略，产品需要升级，那么具体的升级方向怎么分析确定？比如，今年你希望扩大消费群规模，那么满足扩大消费群规模的产品怎么定义？比如，品牌有竞争压力，需要营销创新、产品创新，怎么保证创新的方向就是消费者的潜在需求方向？比如，想转型做一个新的风格，怎么判断新顾客、老顾客都会喜欢接下来的新风格？……

你会发现，凭以往的经验及对消费者需求的认知，在做决策的时候，掌握上述列出的内容明显不够用。

我们了解消费者需求，是为了便于经营决策。如果站在经营者角度看消费者需求，就不容易洞察消费者的需求属性。我们需要转变视角，用理性的消费者视角去看待消费者具体的需求属性。

从消费者需求角度看，服装、配饰、鞋包类产品的需求属性，不像日用品等品类主要是功能层的需求。服装、配饰、鞋包类产品是穿戴在消费者身上的，因此也让这类产品不仅有功能价值，还具备参与消费者情感、社交、自我表达等需求的特点。

我把服装、配饰、鞋包等产品的消费者需求，分五层进行梳理，你可以结合自己的产品来理解。这五层需求分别是基础需求层的功能性需求、感知需求层的审美与风格需求、潜在需求层的情绪需求、社交需求层的人文价值观需求和购买行为层的选择价值观需求（见图 1）。这五个需求层，即五大需求维度，可以简称为功能层、感知层、情绪层、人文价值层、选择价值层。

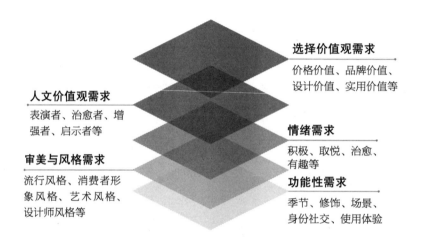

**选择价值观需求**
价格价值、品牌价值、设计价值、实用价值等

**人文价值观需求**
表演者、治愈者、增强者、启示者等

**情绪需求**
积极、取悦、治愈、有趣等

**审美与风格需求**
流行风格、消费者形象风格、艺术风格、设计师风格等

**功能性需求**
季节、修饰、场景、身份社交、使用体验

**图 1 消费者需求的五个层次**

为什么要分层来讲消费者需求？因为这五层基本可以客观地概括所有消费群的需求特点，只是不同消费群在这五层需求中的排序、重要性、侧重点不同。

我们通过需求分层的方法，可以识别不同层级消费群，或者不同细分消费群，并通过产品需求分层中的特点及差异找到：一个人群和另外一个人群的需求共同点是什么，需求差异点在哪一层、是什么；哪一个需求层次的哪些特点具有需求共性；哪些需求层次的哪些特点受众人群规模小。

我们就像找到了一种需求算法，通过算法找到我们的消费群需求升级方向，从而确定产品升级方向，或者产品战略方向。因为消费者需求分层是对不同的消费需求属性的客观量化描述，不是模糊的直觉。下面，你可以结合自己的品牌，梳理消费者需求的分层定义。

## 1. 基础需求层：功能性需求

时尚商品的功能，以服装举例：包括面料功能，比如凉爽、保暖等功能属性；包括社交场景适应性功能，在不同场景下服装穿着的角色需要；包括服饰的修饰性功能，比如体型修饰、脸型修饰；包括打理便利性、板型舒适性、品质耐用性等功能。

这几个方面都属于产品的功能性需求。这些功能性需求，属于消费者服装消费的刚需范畴。

服饰的面料功能，如对于运动装、休闲装、商务男装、童装、内衣，以及一些偏基础、经典的款式来说，品牌出于优势诉求和产品卖点需要，在面料功能研发上比较重视，消费者会依据场景需要与自身的穿衣习惯，选择适合自己的功能属性范畴。

服饰的社交场景适应性功能，来自服饰商品的品牌属性、款式设计、搭配风格等。消费者会选择不同品牌、不同品类、不同风格，来表达不同的服饰社交功能。消费者希望在某个场景下把自己塑造成一个怎样的人、什么样的社会角色，不管是出于对场合礼仪的尊重，还是出于某种场合的社交目的，服饰商品场景化、专业化、唯美化，都是消费者购买服饰商品的功能性刚需。很多偏常规的男装和女装都在这个需求点上有竞争力。

服饰的修饰性功能，对于服装、配饰、鞋包这类商品来说，款式设计比例、裁剪结构、配色风格，对消费者的体型、身材比例、体貌特征、体态等，都有直接或间接的造型影响。消费者在选择一个款式的时候，根据对自身体貌特征的自我认知，他们很想知道具体怎样的款式适合自己，所以，修饰性功能对他们来说是一种功能性刚需。

服饰的打理便利性、板型舒适性、品质耐用性等，影响消费者的体验，也是他们选择产品时的功能性刚需条件。

功能性需求是理性的，可以明确地量化和分类。品牌把这四个方面都做好有难度，但应尽最大努力把功能性刚需组合做得专业、精准。对于消费者来说，多维度的功能需求是需求基础，是消费者选择产品时不能放弃的原则，但仅有这些，消费者觉得还不够。

随着消费者的需求认知不断升级，消费者会把自己的审美偏好上升为一种功能性刚需。从这个角度看，服装行业市场还有很多想象空间。看不懂这一点的品牌商家，会认为消费者越来越挑剔了、越来越不愿意花钱了，于是降低单价来争取消费者，并没有从产品的多维度功能需求角度进行产品升级换代，也没有在产品的功能需求基础上叠加其他的需求属性。很多经营者追求短期利益，虽然在极力地追求差异化，但没有从消费者功能性需求视角找到提升产品竞争力的方向。

另外，新冠疫情时流行的实用主义消费价值观，推动了服装行业在商品功能性需求方面的竞争，比如最近两年比较常见的跨品类功能研发：把羽绒服的保暖和风衣的简约裁剪结合，有温度又有风度；把卫衣的耐打理性和正式场景的款式裁剪结合，呈现舒适的经典日常感；等等。这就是在产品的功能性刚需层面制造惊喜感和功能性迭代升级，现实中有不少跨品类开发的产品跑赢了同类市场的案例。

消费者既要，又要，还要，可以推动品牌在满足消费者功能性需求上不断创新，同时这种创新又影响市场竞争趋势不断进化。因此，品牌需要在定位产品功能属性时，明确自身所处的市场位置和优势是什么，这是获得消费者追随的基本条件。

比如，《2023 年轻人搜索关键词报告》显示，"平替"是某平台上的年度搜索关键词之一。平替，指通过寻找低价同类商品，来替代原来知名品牌的高价格、各维度功能性做得比较好的产品。这就是一种功能性需求升级的市场需求趋势。

## 2. 感知需求层：审美与风格需求

在体型修饰和身份表达层面的审美是一种功能性需求，但是在自我审美风格表达、自我修养、自我崇尚价值等层面的美学表达，则属于感知层需求。

现实中，审美的功能性需求和感知需求可能是分不开的，不过对于消费者来说，不同消费群，审美的两种需求属性会有优先级。因为重视服饰功能性刚需并有一定审美要求的人群，与重视服饰风格表达的人群，完全是不同的。

消费者对服饰的审美风格需求非常多样，但看似杂乱无序的审美爱好，底层有着清晰的逻辑规律。消费者对时尚商品的感知，可能来自柔软的面料肌理、清晰的轮廓线条，或者层次对比与调和的图案，等等。商品整体的感知形成某种风格，吸引着不同的消费群。

时尚商品的感知所形成的风格类型，包括流行风格、消费者形象风格、设计师风格及艺术风格。

### （1）流行风格

流行风格，比如复古风、多巴胺风、运动风、小香风等。

喜欢流行风格的消费者，往往有三类人群：

有对自我认知、自我表达不是很清晰的五六线级消费群，他们偏爱追随流行风格，流行什么风格，就会觉得什么风格好看，他们通过流行造型来获取群体认同和刷存在感。（我们把消费者用线级来分类，不是指城市线级，主要是从消费能力和消费认知角度，来定义消费者属于几线级。消费能力高、认知高的消费者，属于一二线级；消费能力中等、认知比较高的消费者，属于一二三四线级消费徘徊类型；消费能力中等、认知中等的消费者，属于三四线级；消费能力较低、认知低的消费者，属于五六线级。）

有崇尚流行美学、时尚博主引导的学习型消费群，他们通过不断尝试新流行美学来获得优越感。

有创造流行的引领者，他们通过接触最新的资讯和设计师新风尚，成为创造话题进行商业炒作的流行制造者。

消费者对流行美学的追求，需求动机大多来自外部认同驱动。追随流行美学的消费者，对外是打开的，对自我内在表达的关注要求不高。

### （2）消费者形象风格

消费者形象风格，指以消费者体貌气质特征分类，呈现出的不同穿衣风格，比如中性风、浪漫风、甜酷风等。

对消费者形象风格有需求的人群，是以体貌特征、气质神态表达为基础的审美偏好人群。消费者的体貌特征差异较大，从北到南、从西到东，不同区域的人呈现的穿衣风格有很大不同。

这类审美偏好的消费群主要集中在二三四线级，他们不再盲目追随流行，而是开始关注适合自身的审美表达，认为适合自己才是王道。这种"适合自己"的认知驱动力，往往源自对自身五官特征、体型特征的修饰性与衬托性的需要。

追求消费者形象风格的审美和追求流行风格的审美，其需求动机是不同的。当然，如果把这两种审美需求结合，会创造更强的消费黏性，让目标消费者无法拒绝。

### （3）设计师风格

设计师风格，指以设计师的情绪表达、理念设计表达形成的风格，比如废土风、暗黑风等。

回避同质化、追求独特见解的差异化设计美学，尤其受叛逆、追求独特自我的年轻消费者喜欢。不过这类消费者要的设计感，是符合自己，同时有独特设计、好看的设计感，可能是设计师要表达的设计感，也可能不是设计师要表达的设计感。

设计师风格，严格来说，更多的是表达设计师的理念，而不是迎合消费者的需求偏好。

近几年，我持续观察上百个设计师品牌的线上表现，发现有一些商业设计逐渐成熟、保持增长的设计师品牌"跑"了出来，因为他们逐渐学会了满足消费者既要有设计感，又要有风格审美倾向的审美需求。但是，也有很多设计师品牌的市场周期很短，其设计表达力还不错，只是对目标消费群的需求不清晰，受众人群规模较小，很快就退出市场了。

### （4）艺术风格

艺术风格，指以艺术设计手法所形成的商品风格，比如三宅一生风格、波普艺术风格、巴洛克风格等。

追求艺术风格的消费需求，早期来自西方贵族阶层高级定制服饰文化的反叛情绪。人们为了彰显与众不同的品位，从高端礼服定制转而追捧艺术大师的艺术审美，这股风潮在 20 世纪 60 年代到 90 年代风靡欧美，90 年代开始影响我国。国内由此诞生了一批以追求夸张廓形、解构设计手法的品牌，比如玛丝菲尔、例外等品牌。

相对而言，艺术风格的表达，不是以消费者自我需求表达为中心，彰显的是艺术家气质的某些设计手法，服装穿在身上具有较强的艺术风格。有时衣服的风格抢了消费者本人的风格，比如艺术风格服装遇到喜欢彰显生活态度的新消费主义者，多少显得有点儿格格不入了。艺术风格的市场价值，从过去的追捧营销走向了理性的细分需求。

消费者对感知层审美与风格的需求，代表个人的审美见解、审美认同，一定程度上也隐喻了一个人的社会身份。所以不同品牌对应着不同的消费群定位。

值得强调的是，感知层的审美与风格需求，要和功能性需求结合，才能落地真实的市场。定位于某个风格不难，难的是计算与统计这个风格与哪些功能性需求结合，落地后目标消费群规模怎样、需求稳定性怎样。这是一个品牌风格定位的关键一步。

## 3. 潜在需求层：情绪需求

从市场角度看，功能价值不再稀缺，同时，服装行业的供应链在我国是非常成熟、健全，又极度开放的，这意味着作为竞争手段，拼功能价值（常规指拼性价比）利润率很低。有些功能价值的突破需要一定技术层面的创新支持，并不适合大部分企业。那么，功能价值拼不动了，情绪价值打造就成为很多品牌的必选项，尤其是偏标品类的商品，比如内衣、休闲装、运动装、经典基础款商品等。

事实上，服饰类商品（包括标品类和非标品类，非标品类比如时装、时尚设计相关品类）本身就有情绪需求属性，比如季节流行色，就是一种气候、温度场景下的情绪需求；比如流行风潮，本质上也是一种消费者喜新厌旧、不断追求新鲜感的情绪需求。情绪需求在时尚品类那里甚至属于基本要求，只是以前人们没有把这种需求叫作情绪需求。

消费者对时尚类服饰商品的情绪需求，分为以下几大类。

一是求美情绪。美，本身就是一种情绪，包括商品本身的美、商品让消费者变美、商品的美代替消费者表达美等。追求美好的情绪需求，几乎可以覆盖任何一个消费群。

二是积极向上情绪，比如使人快乐的多巴胺、有趣的设计、治愈的色彩等。消费者希望通过商品的情绪属性，让自己更积极、更向上，尤其是处于情绪低谷时，消费者渴望充满正能量情绪的商品可以帮助自己对抗消极状态。

三是社交情绪，比如低调、被目标人群欣赏、认同等情绪需求。为了表达某种社会身份，消费者往往会通过服饰来塑造，这既是一种刚需，也是一种情绪需求。

四是内在关注情绪，关注自己内在愿望，比如怀旧、取悦自己等。很多消费者因为关注内在的需求，从而产生了某种情绪下的消费动机。

最近两年的舒适慵懒风和治愈风，就是内在需求传达出来的情绪需求，很多风格都可以和这两种情绪需求结合，来获得消费者的好感。

情绪诉求传达出来的需求，落在产品上不是某一个风格审美，也不是单纯的某种功能性刚需。消费者希望通过服饰表达一种情绪，用情绪来表达自己的内在，或者表达审美感知。如果你和消费者的情绪不同，没有共情到消费者的情绪，你就看不懂消费者的需求，自然也不会创造出让消费者着迷的产品。从这个角度看，能够与目标消费者共情非常重要。

另外，消费者对服饰等时尚类商品的情绪价值需求，品牌要通过洞察消费者来实现。品牌在产品原有价值诉求的基础上，增加一个情绪价值表达的创新设计方向，才可能满足消费者的情绪需求。关于这一点，我们会在本书的第三章详细阐述。

**情绪需求，是一种超出过去期望的需求。在满足消费者情绪需求方面，品牌需要改善的是，把"我以为"，变成"消费者喜欢"。**

要强调的是，虽然情绪价值层的创新需要营销来助力，但面对高认知的消费者，品牌"自嗨式"的创新，很难赢得消费者青睐。

## 4. 社交需求层：人文价值观需求

人文价值观需求，指消费者消费服饰产品，本身是一种个人价值观的表现。

比如崇尚自由主义的消费者，会对多元文化设计风格接受度较高；比如注重实干精神的消费者，会对产品的自然材料、可持续仿生技术，以及原生态的品质面料更加推崇；比如敢于引领潮流的冒险家，会对前沿科技、历史人文元素、精英主义元素等更有远见意识，敢为天下先；比如追求内心平和的消费者，更感性，尤其喜欢安定的、传统的、传承的可循环设计与再生设计。

消费者在人文价值观层面的价值诉求，本身就是品牌对消费者价值诉求定位的中心思想。很多品牌邀请知名人士作为品牌形象大使，让品牌价值主张与某个公众人物的个人风格或个人价值观进行链接，并广而告之，快速向消费者传递品牌的价值主张。

这种做法在运动品牌、箱包品牌等标品类品牌中比较常见。这种营销包装意义上的品牌价值诉求，与品牌用产品和实际行动创造的品牌价值诉求，对于消费者的影响深度有很大的不同。

值得一提的是，时尚服饰商品，作为非标品类，是极度个性化的，品牌在人文价值观层面的诉求必须通过产品设计来表达。因为时尚非标品类，本身适合的就是细分的小众人群，这些目标消费者不会因为比较认同某个品牌代言人的价值主张，就选择不适合自己身材和气质的衣服。所以时尚细分品牌更适合小规模、小圈子的精准推荐，我们很少看到其投入巨资做广告推广。

消费者一旦比较重视人文价值观层面的需求，可能就会忽略情绪需求，或者审美与风格需求，他们对形式化设计的需求与敏感度会降低。如果消费者的服饰拥有较好的功能性表达和人文价值观表达，消费者就无须在审美与风格需求、情绪需求层面内耗，这是一种回归内心的成熟。消费者认知越高，就会越倾向价值观层面的表达，比如极简风格，就是放弃繁复设计、追求内心松弛的一种表现。

## 5. 购买行为层：选择价值观需求

选择价值观，来自比较性优势的选择，来自具体的偏好是什么。

选择某一个品牌，通常是消费者在和品牌建立一种信任关系的表现。消费者为什么要选择一个品牌？是因为性价比高？是因为品牌有背书，选择该品牌更安全？是因为品牌的品质、工艺稳定，选择该品牌更放心？是因为品牌的设计质量稳定，选择时无须比较？是因为品牌早已在消费者心目中树立了做事一丝不苟的形象，选择该品牌有一种骄傲感？还是因为品牌具有社会道德水准，选择该品牌是为了认同品牌价值观？……

一个品牌的营销推广，通常希望打造一种选择优势来吸引消费者购买，或者塑造一种"高大上"的形象让消费者比较有优越感等。当然，品牌要给消费者一个选择的理由、一个持续选择的理由，并通过营销推广来影响消费者，本质是一种优势竞争。

需要说明的是，线上平台的流量推荐算法，可能会给品牌带来曝光率，从而影响购买人数，但是流量算法不会改变消费者的选择价值观。消费者的选择价值观，是结合自身身份、场景需要和购买力条件下的比较性优势选择，很多时候属于购买经验导向。

回到消费者高认知这个角度，如今的消费者对品牌所标榜特点的信任度很低，他们会理性分析选择、亲身体验，然后或分享，或吐槽。所以，很多人说，现在是一个无须品牌的年代，只要产品够好，消费者口碑就容易做起来。

**消费者口碑做起来的才是品牌。**

之所以这么说，是因为有太多言过其实、虚有其表的品牌，让消费者警醒了。

选择价值，从竞争角度来讲，实际上是品牌要有具体的优势打造。品牌需要关注目标消费者的选择价值观是什么，再来定义自己区别于竞品的优势方向。

那么，什么是消费者的选择价值观呢？

有人说是消费者的心理账户，关键看消费者在哪些品类上舍得花钱。有人说是消费者的经验导向，买和不买的选择标准肯定不同。对于时尚服饰产品来说，有的消费者重视品牌、品质，有的消费者重视设计、功能、性价比，有的消费者重视自我价值表达等。由于消费能力和刚需属性的差异，消费者在选择商品时，会形成多样的选择倾向。之所以消费者的选择价值观不太好分类，是因为每个品类、每个风格的消费群不仅有区别，还有交叉。

消费者在一次次的购买中会形成购买经验，然后可能会衍生出新的选择价值观，品牌如果想获得目标消费者的选择价值观，需要结合数据做消费者调研，然后进行判断。

消费选择价值有时是静态的，因为消费者用场景和购买力决定了选择范畴；消费选择价值有时是动态的，因为竞争对手的构成变化、优势变化，以及消费者的经验变化，会影响消费者选择价值观的变化。

一个品牌要通过调研来了解目标消费者的选择价值观是什么，消费者选择商品的重要性排序是怎样的。消费者的选择价值观是影响销量最直接的因素，也是品牌定义产品策略的关键。

这里简要地介绍了消费者需求的五大维度，在了解消费需求五大维度的基础上，你不妨多想想下面这几个问题。

**你的目标消费者在每个需求层的特点分别是什么？**

**这些特点和你品牌的价值诉求是否匹配？**

**你品牌的价值诉求，在功能价值、审美价值、情绪价值、人文价值、选择价值方面分别是什么？**

**你的消费者如今在哪一个维度发生了变化？**

你可能会发现很多不错的点，产生很多想法，发现一些以前没看到的机会。

从消费者需求这个外部视角，品牌通过需求分层，分析你的目标消费者的需求偏好，来解决品牌的问题，逻辑很清晰。

## 消费者的需求动机有哪些

消费者的需求动机，是区分品牌市场边界的核心要素。

动机和需求有什么区别？需求好比字面含义，而动机好比言下之意。

| 生存性动机<br>理智型动机 | 发展性动机<br>社交型动机 | 享受性动机<br>感性型动机 |
|---|---|---|
| **关键词** | **关键词** | **关键词** |
| 求实　　求廉<br>求便利　　求同 | 求名　　好胜<br>好奇　　炫耀 | 求新　　　偏爱<br>求美　求舒适　习惯性 |

图 2　三类需求动机

我们先来看，消费者的需求动机，在服饰消费行为中主要有哪几个分类（见图 2）。

## 1. 生存性动机

第一类是偏理性的需求动机，即生存性动机，关键词包括求实、求廉、求便利、求同。

求实，指真材实料；求廉，指价格实惠；求便利，旨在节约成本；求同，在于追随大众选择、购买决策的安全性。追求性价比，寻求某个品类平替，属于求实、求廉的需求。

在三年新冠疫情的大环境下，求实、求廉，偏理性的消费动机成为主流，但同时不能牺牲好品质与好设计。

## 2. 发展性动机

第二类是倾向社交的需求动机，即发展性动机，关键词包括求名、好胜、好奇、炫耀。

求名，指追求知名品牌、知名人士代言产品、有公知基础的品牌商品；好胜，指寻求社会认同，不希望被人藐视的需求动机；好奇，指追求新鲜感、独特性，希望被看到的需求动机；炫耀，指希望展现自己认为最好的一面，希望被看到、被夸赞的需求动机。

服饰本身具有社交功能属性，大部分服装、鞋包都会覆盖到有社交动机的消费者，因此服装、鞋包领域的社交动机分布比较多元化。不同价格带具有不同的社交需求价值，高价格带更具有社交需求价值。

同等价格带的产品，设计有稀缺性的更有社交价值；同等价格区间、同设计的产品，在下沉市场中，可以让下沉消费群购买，也会具有社交价值。

社交动机，在每一个时代都不同，善于捕捉新社交动机下的新消费需求，更有可行性。

### 3. 享受性动机

第三类是偏感性的需求动机，即享受性动机，关键词包括求新、偏爱、求美、求舒适、习惯性。

求新，指追求最新设计的惊喜感受带来的内心优越感；偏爱，指尊重自己的个性化偏好，满足自己内在渴望的需求动机；求美，指可以让自己变美、表达自己的美、表达对美的品位等体现自我审美的需求动机；求舒适，指尊重身体感受，追求身心疗愈、表里如一的需求动机；习惯性，指不想在选择上内耗，把复杂的选择交给身体直觉，看似不在乎内心，其实很在乎身心感受的消费动机。

享受性动机，是伴随消费升级产生的消费动机。收入增加、认知提升，催生各种享受性动机。大家当下比较熟悉的追求情绪价值的消费就源于享受性动机。

以上三类需求动机，对应的是三类需求市场，每一个品类其实都有这三类需求市场。一个品牌可能会把这三类需求动机结合起来，但是品牌的价值诉求，在这三大需求动机中的边界一定要清晰。

生存性动机，本来是受客观条件限制的，是刚需，但消费者经历过消费升级带来的满足感后，如果再回到理性需求，那么在省钱和取悦自己之间，要找到一种平衡。消费者做这类需求平衡，会导致市场需求被"撕"得更加碎片化。

消费者需求越来越个性化，市场有时候根本反应不过来。以 2023 年下半年为例，一大批传统开发模式下的企业销售好像突然间停止了，无数细分领域定位有偏差的品牌突然卖不动了，同时出现了军大衣刷存在感的服装潮流。为什么？因为需求动机和高认知相结合，消费者觉得军大衣对得起自己的身体，对得起自己的钱包，他们不在乎别人怎么评价。这背后的本质是，消费者的理性动机和取悦自己的情绪价值观的结合。他们不伪装自己，不被社会身份定义，敢于真实面对了。

**洞察消费者需求动机，是不能单独从某个方面来看的，要结合新需求价值观、新需求情绪来理解。我们需要从这三个角度去调研与分析消费者，来判断市场机会、定义品牌战略。**单方面地理解，很容易踩坑，产品可能叫好不叫座。

## 不同层级市场的消费价值观差异

从经营者视角来看，每一个品类都有完全不同需求价值观的层级市场存在；每一个城市，从市中心到郊区，也有非常清晰的层级市场结构。

我国幅员辽阔，发达城市和偏僻农村，有着差异化消费。比如，低价实用性消费和低价流行性消费完全是两种不同的消费，中等价格美学改善消费和中等价格综合性价比消费也有区别，中高炫耀消费和中高价值主张消费更是完全不同价值取向的两种消费，等等。这些差异影响着每一个品类，同时，层级市场又彼此影响。

服装行业，由于服饰品类的个性化需求足够复杂，因此也是一个层级市场差异最大的行业。

在服装领域，不同层级市场的消费群，有着不同年龄层、不同职业身份、不同消费价值观，再加上个人体貌特征、个人认知差异，反映在服装款式上所形成的需求分类多到数不过来。行业中流传的品牌消费人群定位分析的二维图，我知道的就有十几种，而且这些只是冰山一角。这是告诉大家，可以从很多视角理解一个品类在市场中的矩阵形态。

如果抛开品牌企业内部视角，从消费者需求视角来看，服饰消费的层级市场实际上可以通过前文提过的消费者线级分类来理解。

## 1. 一二线级消费者的消费价值观

一二线级消费者，以个人价值观表达为主轴进行需求分类，比如我们在前文提到，崇尚自由主义的消费者，会对多元文化设计风格接受度较高；敢于引领潮流的冒险家，会对前沿科技、历史人文元素、精英主义元素等更有远见意识，敢为天下先……

一二线级消费者的个人价值观表达是第一主线，在价值观需求基础上，再去考虑一个品牌或一个品类的设计、品质、实用性、性价比，以及文化理念等。针对一二线级消费者的品牌，要在满足目标消费者价值观诉求基础上，表现产品美学、工匠精神、科技创新、艺术表达等产品需求属性。

针对一二线级消费者的品牌是在一个相对较高的维度，体现自己各方面的专业度。这类品牌面对的是中高端消费者，做得好、专业度高，其市场表现相对比较稳定。当然模仿者、专业度又不太高的企业除外。

一二线级消费群中，也会有收入不稳定但是高认知的消费者，收入稳定的时候买高端品牌多，收入不稳定的时候偏好海淘超有性价比的产品。

另外，针对一二线级消费者的品牌的价值诉求会影响针对三四线级消费者的品牌的模仿行为，而针对三四线级消费者的品牌也可能吸引一二线级消费群降维消费。

## 2. 三四线级消费者的消费价值观

三四线级消费者，以个人风格格调表达为主轴线。比如原创设计师风格（像暗黑风、废土风等）、消费者形象风格（像甜酷风、中性风、优雅浪漫风、甜美可爱风等）、消费者形象风格与设计师风格融合的风格（像禅意风、清冷新中式等），以及场景风格（像通勤风、运动风、度假风、户外风等）。

三四线级消费者，虽然没有一二线级消费者那么有消费实力，但是会想办法用有限的购买价格来创造更有格调的穿着效果。三四线级消费者是擅长美学感知的，对衣服搭配的最终格调是否有意境非常敏感。在这个圈层里，如果你的服装搭配风格有"味道"的欠缺，就可能会被鄙视。很多三四线级消费者非常乐于学习一些新风格的搭配技巧，时间长了，就像专家一样，穿搭水准非常高。

以三四线级为目标消费者的服饰品牌，美学风格的专业表达能力，绝对是其核心要点。一个品牌的风格表达如果能让整体视觉舒服，设计元素、设计手法有新意，再加上品质、工艺很有性价比，那这个品牌一定是受欢迎的。这样富有美学风格的品牌对于其目标群体，可以说就是刚需。

总体来看，三四线级是一个充分竞争的选择性市场，消费者的购买意愿是比较积极的。当然，三四线级消费群的认知和消费能力，只是一个区间概括，真实的消费认知和消费能力差异很大。在三四线级消费群中，消费能力中等、认知略低的消费者，可能获取时尚信息的时间不多，会倾向于购买流行风格；消费能力中等偏上、认知略高的消费者，可能会选择一些经典品牌，或者经典产品。

相对而言，三四线级消费群需求的市场稳定性，跟三四线级品牌产品与消费者需求是否精准匹配，品牌风格表达及创新能力是否精准密切相关。这一点，几乎覆盖服装行业所有领域，尤其是时尚性商品品类。也就是说，做风格格调的品牌，不但拼设计表达能力，关键是持续创新过程可以持续踩准目标消费者的需求。针对这个群体的品牌，要有出色的设计能力与管理能力。

三四线级消费群的风格偏好，近两年开始逐渐从表达风格元素本身的美学，转向表达气质、体态的美学，比如慵懒风、松弛感。这是生活方式、价值观变化带来的情绪需求。无数品牌在大环境的影响下，推出基础款，并结合慵懒风、松弛感等流行的情绪关键词，设计穿搭风格。

三四线级消费群开始关注自己的内在情绪需求，这是服装行业情绪需求市场发展的契机。在此之前，产品和营销的情绪诉求，是一二线级品牌经常做的，现在这种诉求开始蔓延到三四线级品牌。这些三四线级品牌不得不在风格表达的基础上，学会把消费者的情绪需求融进设计。做到这一点是有难度的，更何况大部分品牌并不清楚消费者需求变化的构成本质是什么，于是很多做风格的品牌销售业绩开始下滑。

### 3. 五六线级及以下消费者的消费价值观

五六线级及以下消费者是一个规模很大的群体，消费能力较低，偏重功能性刚需，比如服饰领域的基础款，看重低价、性价比，消费认知相对不高。喜欢追流行、重视被社会认同。在服饰方面的表现，尤其喜欢有造型感的，同时由于认知不高，对流行造型的驾驭能力低，搭配比较刻意。

五六线级消费群，随着收入增加、认知提升，逐渐形成一个消费升级的潜力市场。很多品类的市场活力都在五六线级消费群里。很多人因为没有享受过、没有体验过，所以一旦有了购买条件，就会增加某种消费体验，这再正常不过了。另外，当前的经济环境可能会让一些原本属于三四线级的消费群，下移到五六线级消费水平，也因此，五六线级消费品牌，迎来了结构性的产品升级和市场争夺机会。

**把消费者分成不同线级，背后的本质是客群与格调认知的分类。**

美国作家保罗·福塞尔在《格调：社会等级与生活品味》一书中详细描述了这一点，大家可以延伸阅读，以了解阶层与审美格调的相互影响。我国文化虽然和美国文化不同，但是用客群来区分市场需求分层，底层逻辑是一样的。

不同客群的格调认知，以及向上流动的动机意愿，形成了服装消费不同线级市场的差异（见图3）。服饰领域，从不同线级消费群和细分需求市场角度看，并不缺市场机会。需要强调的是，品牌不管是营销还是产品研发，都要在消费者需求视角的价值定义上多下功夫，避免闭门造车。

一二线级
- 有鉴赏能力
- 有自我价值主张
- 有稳定的消费习惯
- 重视微观、情感等人性化需求
- 追求价值观表达

三四线级
- 希望自己成为一个更好的人
- 追求风格表达的适配性
- 追求社会身份认同
- 精心打造人格魅力

五六线级
- 希望提升自己的存在感、安全感
- 努力模仿、跟风大众的眼光
- 追求表面形式化的造型塑造
- 重视刚需功能性价比
- 追求流行形式化表达

**图3　消费群审美格调差异**

# 定位消费需求，锁定消费者偏好

　　消费者认知觉醒，消费认知升级，对服装行业的直观影响是发布的行业新趋势影响越来越小了。因为市场竞争越成熟、市场越多样化，消费者需求越个性化、越不容易被趋势影响。消费者不容易受趋势影响，那么行业产业链的趋势决策风险就变大了。

　　纺织服装行业的产业链比较长，从上游到下游，通常色彩预测提前 24 个月、纤维预测提前 18 个月、面料预测提前 12 个月、款式预测提前 6~12 个月、零售业的预测要提前 3~6 个月。而今天，随着行业流行趋势预测作用的降低，上下游各环节的决策风险在增加，为了消化市场需求的不确定性，有的企业选择保守主义躺平，有的企业选择创新并投入大量的推广成本。

　　与此同时，品牌营销造势的势能，在今天对消费者决策的影响也越来越小。行业上下游都感受到了压力，新的市场阶段呼唤新的市场秩序。

今天的市场决策，已经走向消费者需求导向，尽管每一个品牌企业适合的消费者需求导向程度不同、方式不同，但是去洞察、认知消费者需求，研究消费者需求特点，几乎是行业从业者无法避免的。

只有先学会全面理解消费者，才能看懂消费需求变化，才能推断出消费者下一步的变化趋势是什么。只有学会推断消费者需求变化趋势，品牌企业才能未雨绸缪，提前做对战略规划、做好相关准备，以迎接接下来的市场需求机会。

每一个消费者都代表一个需求的集成，每一个消费者的需求又有那么多不同，如何从复杂多维度的个性化消费需求中，梳理出相对客观的理解消费者需求的方法呢？

## 个性化，本质是差异化还是鄙视链

我们都知道，消费者需求越来越个性化，但是大家有没有想过，消费者需求的个性化到底是什么？

消费者需求的个性化，不仅是前文提到的消费者需求五个分层的差异，还包括自身条件带来的差异化。比如在服饰消费中，消费者的职业身份、身高长相、性格、阶层、收入等，都属于自身消费条件。自身消费条件不同，选择产品的标准不同，形成了无数差异化细分需求。所以服装行业，尤其是女装领域，产品的市场盈利模式最丰富、最多元，这是因为差异化带来的非标准需求，推动了每一个品类、每一个风格的盈利模式的差异化。

差异化对消费者而言是刚需，每一个因为消费者自身条件带来的差异化刚需细分市场，都有巨大的产品功能层的迭代升级空间。不管是女装，还是男装、童装、家纺等目前处在刚需和升级换代之间的品类，在科技价值、功能价值、审美价值、情绪价值等方面都能做得很好的很少。正因为做得好的少，市场就有较大的需求势能和潜在需求空间。

除了自身消费条件带来的需求差异化，还有一种来自"鄙视链"的个性化需求。

什么是鄙视链？比如喝酒，喝威士忌的人可能看不起喝红酒的人，喝红酒的人可能看不起喝白酒的人，喝白酒的人可能看不起喝啤酒的人……

时尚领域，也充满了鄙视链。以前，经典的看不起新流行的；格调清高的看不起大众的；审美高雅的看不起通俗的。因为鄙视链的上端往往代表更专业、更珍贵，或者身份更高级，于是商业活动中就产生了很多关于身份符号诉求的现象。买什么品牌、用什么产品，就代表什么社会身份。这种身份符号消费带来了大众争相模仿的热潮，并催生了众多轻奢品牌市场的繁荣。品牌商家都强调自己的身份界限，用各种形式强调自己与众不同的品位，而价值主张多样也催生了众多的个性化需求。

鄙视链消费涉及的基本是标品类，比如奢侈品的基本款、功能导向的运动装备，或者功能导向的衣服、美妆日用品等。为了提升品牌影响力、提升溢价，一些品牌的营销推广也以身份尊贵、稀缺价值来为消费推波助澜。

但随着精英群体的鄙视链消费资源逐渐消耗殆尽，也就是精英群体的生活方式、生活用品、穿衣品牌等，逐渐被不同品牌拿来做市场下移，一些曾经的符号消费已经平民化，市场会创造新的鄙视链。与此同时，出现了反鄙视链现象，比如知名企业家穿牛仔裤搭配基本款T恤出现在产品发布会上，比如明星一身普通打扮，会迎来一片好评。

另外，随着消费者自我意识的觉醒，享受性消费动机出现，人们越来越重视真实的自我表达。

当然，来自鄙视链的个性化消费依然活跃，在不同的层级市场和消费群中，不断有新的鄙视链消费被创造出来。

**鄙视链打造的个性化消费，是在产品的人文层创造个性化消费，是主观价值导向的。而自身消费条件差异化带来的个性化消费，是在产品的功能层和感知层创造个性化消费，是客观需求导向的。两者有着本质区别。**

不同的个性化需求定义，对品牌价值诉求、营销价值推广及产品研发的定调影响非常大。

我们需要甄别个性化需求的本质与定义是什么，才能更精准地定义、运作好一个品牌。

## 为什么品牌的忠实粉丝占比太少

忠实粉丝的多少，是决定一个品牌销售是否具有稳定性、能否跨越行业周期的核心基础。

消费者，是一个一个的需求个体，而且每一个个体都是不同的，是多种需求集成的，又是时而变化的。

品牌，是一个营利组织，以盈利为导向，以资源条件为基础，以组织协同模式为方法，主要驱动力是内部利益动机。

消费者需求和品牌盈利看似相向而行，但重合的概率，具有极强的不确定性。

做品牌决策，不仅要从消费者需求角度思考，还要考虑市场竞争、品牌资源、设计开发标准、盈利计划等。品牌通过这个过程打造出消费者需要的产品，需要一定的专业度、方法和流程，而这不是那么容易做到的。很多品牌，或者很多经营者，在判断市场机会的时候，采用了简单粗暴的方式来做出关键决策。

## 1. 什么好卖就跟风模仿

什么风格好卖，什么产品好卖，就跟风模仿，在很多经营者看来更简单。因为这是被市场验证过的需求，直接跟风模仿似乎可以降低市场风险，经营效率似乎更高。这些经营者不做市场机会的发现者，也没有长期经营某一个需求的打算，只想摘取当下机会果实，简单高效。

这类跟风畅销风格、畅销品牌的经营模式，在消费需求比较稳定的时候，可以快速抢到一些市场份额，不管做得是否专业，只要有需求红利撑着，通常利润周期表现还不错。但是，当市场需求、消费需求产生变化，而且变化维度比较多的时候，比如消费群结构转变、消费者的购买意愿下降、消费者的需求动机改变、消费者的价值观转变……这类靠模仿活着的经营者，因为不具备洞察需求、创造需求的能力，就会很迷茫。尤其是当下服装行业的竞争不断升级，转变方向的成本越来越高，门槛也越来越高。

模仿跟风型的品牌，在不断变化风格的经营过程中，能够沉淀下来的消费者需求点不够集中，很多消费者可能就是一两次的过客。消费者当下做出的选择，有的可能是因为喜欢某个款的颜色，有的可能是出于性价比，有的可能是出于服饰搭配需要某个品类，还有的可能是刚好遇见一个适合自己的廓形，等等。

**在经营者眼里，这些消费者约等于流量。他们很少重视搜集不同消费者的需求点，无从找到品牌经营不变的消费需求是什么。在不断变化风格的过程中，他们丢失了选择消费需求、定义消费需求优势、持续经营消费需求黏性的最珍贵的资源，在市场震荡时很容易被挤出市场。**

品牌不在乎忠实粉丝的经营，这是经营管理中常见的失误。

## 2. 大量地投入推广、投流

一个新创品牌，或者一直在经营的品牌，想办法提升曝光率，提升流量覆盖宽度，是非常必要的。但是，经常有客户跟我反映，为什么××品牌投流转化率很好，而我们的投流转化率几乎为零？每当此时，我通常都会问对方一个问题：某个风格的品牌卖不好，是因为没有被消费者看到，还是因为消费者看到也不会买？

投流，肯定是有消费者看到的，那么是没找到目标消费者，还是消费者看到觉得无感？多半是后者，因为选择投流渠道时，你肯定评估过渠道消费者类型。

在服饰品类中，投流回报率高的，一定是有某个维度的需求普遍性，然后叠加了产品的优势、特点，从而带来高转化率。以女装举例，一个风格的服装对于消费者来说是否值得购买，需要考虑风格需求类型、风格设计是否有吸引力，服装的板型结构是否符合体型穿搭需要，所使用的面料是否满足需要，价格是否能接受，等等。如果你是了解消费者的，那么你的品牌风格在这些不同的需求维度就不会出现错位偏差，投流就会带来回报，只不过存在转化率高低的问题，但转化率不会为零。

假如出现投流转化率为零的情况，如果不是有严重的渠道错误，那么一定是品牌风格的不同维度的需求属性是矛盾的，或者需求是极度细分的。本质上来说，这是需求定位问题带来的结果。

比如一个服装的板型偏收身，适合年轻消费群，而调性的设计新意不够，那么就很难吸引挑剔的年轻消费者，因为身材好的年轻消费者可以选择的款式非常多，吸引他们需要设计足够有新意。假如你的板型适合年轻人，为了满足年轻人的品质升级需求，你选择了设计有新意、面料价格比较高的服装，那么你的消费受众就会很窄。因为穿高品质服装的年轻消费者中，重视品质感和重视设计感的，可能不是同一个人群。满足消费者的感性需求，没有那么简单。

**选择一个消费群，需要关注这个消费群对产品的需求维度，维度越全越好，而且要知道这些需求维度在消费者心目中的重要性排序。这是了解消费群需求的基本框架。**

很多品牌推广成本高、流量成本高，本质原因是品牌的产品价值诉求有问题。想要品牌的投流转化率高，你要真正去了解消费者在各维度的需求特点，而不是靠直觉在市场上试错。一个企业付出的成本太高，包括研发成本、生产成本、投流成本、运营成本，还有看不见的市场机会成本……可能就是因为不会做消费者需求分析。不去研究消费者需求，可能会把整个企业都赔进去。

品牌在错误方向上积累忠实粉丝，很难。

### 3. 什么流行就做什么

品牌把追随流行趋势作为产品开发方向、产品推广方向，对于跟随型大众消费者来说是有效的，因为流行对于大众消费者来说是一种选择价值标准。喜欢买流行产品的消费者，希望自己不落伍于这个时代，通过追随流行来表达自己的生活方式以及生活态度，并寻求社会认同感。这种情况下，品牌追随流行趋势好像没什么问题。

但是，如果你所触达的消费群重视的是需求价值观，不是追随大众趋势，那你还是流行什么就做什么，你很可能就会看到你的消费群在不断下移、产品价格越来越做不上去，你不得不被带入价格战、拼成本，与低端品牌争夺五六线级消费者。你的消费者黏性会越来越低。

**如果流行趋势是一个流行风格，那么它影响的是中低端市场；如果流行趋势是一种消费价值观，那么它影响的是对这种价值观比较敏感的人群；如果流行趋势是一种颜色、一个设计元素，那么它只能是品牌设计的一种创意源。当然，一个流行元素创意是否受欢迎，取决于产品运用该流行元素的设计质量是不是足够好。**

选择哪一种流行追随策略，会给品牌带来不同的粉丝黏性。流行风格的有效粉丝积累的有效期最短；流行价值观的粉丝积累要看具体如何把流行价值观融入产品诉求中，其中的商业设计水准决定了你的粉丝有效性；而流行元素只关乎一个品牌消费需求的新鲜感，和需求黏性可能没关系，因为下一季的流行元素设计可能又变了。

品牌希望多积累忠实粉丝，和品牌的产品流行策略紧密相关。

影响一个品牌粉丝忠诚度的原因还有很多，比如品牌选择进入的是一个竞争红海的品类风格，市场供给足够丰富，也会影响粉丝黏性。此外，还有很多经营层面的原因，在这里不一一赘述。

## 为什么每个风格的生命周期都不同

市场上总是有好卖的风格、不好卖的风格，总是有正在热销的风格，也总是有逐渐过气的风格，大家对此好像已经习以为常。但是，如果你正在准备寻找一个市场风格，或者你正在计划品牌下一步要转型的风格，甚至要收购一个什么风格品牌，你就需要更深度地分析每一个风格的市场生命周期特点。而得出这方面的结论，离不开消费者需求视角。

在服装领域，我们见过持续三五年销售表现优秀的风格，比如法式风；有一两年就下滑的风格，比如露营风；有一直经久不衰的风格，比如运动风……

**一个风格热销，趋势时机是关键，但一个风格能热销多久，与消费者需求带动的市场竞争机制密切相关。**

比如，正在流行的户外风，消费者对这类风格的第一需求属性是功能，第二需求属性是身份，第三需求属性是风格。每一个品牌都有可能增加产品结构中的品类结构，因为功能需求属于生活中的需要，每一个消费者都可能会有需求，没有排他性。所以户外风这个品类在市场的普及速度最快、普及范围最宽，市场份额会被快速瓜分。这意味着户外风的市场需求，从上升期到成熟期再到下滑期，这个周期很短。

如果你通过消费者需求角度，提前推断户外风中冲锋衣是一个市场旺销周期短的品类，你的产品策略提前布局思考，不盲目投入开发成本，不盲目预留库存，那么就不会被趋势需求带到沟里。

再如，一直持续热销的运动风，为什么市场销售周期很长，而且未来会依然很好？从消费需求角度来看，运动风虽然也有场景功能性需求，但不像户外风的需求属性那么单一聚焦，而且它的第一需求属性对于不同消费群来说完全不同。有的消费群选择运动风是因为流行、时髦，有的消费群选择运动风是因为舒适、便利、好穿，有的消费群选择运动风是因为这个风格没有年龄感，有的消费群选择运动风是因为这个风格的表达更便于社交，等等。

消费者选择运动风的动机很多，意味着这是一个需求多元化，又兼具包容性的风格品类。如果一个品类的风格具有更宽、更多元的需求，那么这个品类的体量会大，市场周期也会特别长。

消费者对服饰产品的需求属性，决定了市场会呈现一个怎样的需求结构。消费者的需求属性越丰富，市场需求结构就越多元，比如运动市场；消费者的需求频率决定着市场竞争热度，需求频率越高，比如袜子、内衣、童装市场，经营者参与度就越高，同时竞争更容易进入红海；消费者的需求稳定性越高，市场需求层级越稳定，品牌间的竞争主要落在不同层级拼综合资源优势积累，力争进入头部位置，比如男装领域。

**消费者的需求动机、需求价值观、需求偏好排序等，决定了一个风格的市场生命周期。**

那么，我们也可以反过来理解，如果对消费者需求各维度足够了解，我们就可以通过调整产品的消费者需求维度，来驾驭一个品类风格的生命周期，让其生命周期更长，甚至持续热销。

> 把握消费者需求各维度的属性，也就是把握消费需求。拥有一套需求集成算法，对于品牌来说，是一种战略能力！

## 品牌的款量分级对消费者意味着什么

"款量分级"这个概念，来自直营品牌或者加盟商的订货企划统计方式需要。很多加盟商或者直营店，在对每年每季品牌订货下订单时，为了更合理地分配订货金额，会把需要订的款式进行分级，比如把选中的款式分为 A、B、C、D 四个级别，每个级别的款式对应不同的订单件数，比如 A 级对应 1000 件、B 级对应 500 件、C 级对应 200 件、D 级对应 50 件，通过这种方式来分配订单件数与金额。

款量分级背后，是对产品的市场销售机会的预测。从市场销售角度看，要想知道影响一个款式销量的原因，需要对产品比较性优势、产品稀缺性，以及产品性价比进行评估。而这种评估是从一个款式的消费者需求视角进行的综合评估。这需要对市场销售比较熟悉的人来确定这个款式是否符合对应的销量级别需要。当然，同时要从款量级别所代表的产品属性，倒推产品研发出款的标准。

熟悉市场的经营者，在根据款量级别进行下单的时候，由于销售业绩导向，比较喜欢押注爆款（爆款通常对应的是 A 级）。因为爆款通常是经营者能看得懂，或验证过需求，而且具有需求包容度的款式，所以经营者对爆款更有信心。

也有经营者是出于保守主义，面对市场需求不确定性，选择安全决策，倾向于订 A 级爆款。加上品牌商家为了优化生产成本效率，也会引导客户针对一些款式集中订单。

从短期利益角度看，订单选择爆款似乎没什么问题，但时间一长，一个品牌就可能会遭遇各种被动市场威胁。为什么？

款量分级背后，不仅是一盘货的产品结构的分布，还是一盘货的消费群结构、消费需求结构的分布。

任何一个品牌在经营过程中，都会面临消费者的自然流失。通常来说，健康经营的服装品牌，消费者自然流失率在 30%~40%。一个品牌每年都会自然流失一定比例的消费者，如果品牌不想销售下滑，那么每年要增加 30%~40% 的消费者，以保证品牌的消费者存量不变。

怎么增加新顾客呢？优势产品继续推广可能会吸引新顾客，新产品推出可能会吸引新顾客，老顾客介绍可能会带来一部分新顾客……这些客观因素，都会形成一个品牌的新顾客、新消费群体的构成。

同时，一个品牌的不同顾客群体会有购买频率与购买周期的问题。另外，没有流失的顾客也会有正常的平均复购率，老顾客的延展需求是什么？是否能达到品牌每年的消费者经营规模的目标？这些都需要慎重考虑。

如果经营者一直比较看重、依赖爆款的销售，那么品牌的客流需求结构就会比较单一，这个品牌每年顾客的自然流失、自然新增，老顾客的构成，就会非常不健康。

很多大众品牌，是通过不断投流、不断直播来吸引新顾客的。不过，用投流、直播模式争夺流量，只要经过很短的时间，你就能发现信息触点越多、消费者关注越少。投流的推广成本就像是流量租借，一旦停止投入就会没有销量，等于变相增加经营成本。

**对于时装品牌来讲，健康的客群结构，其背后通常是由四部分产品诉求组成的品类结构：比较刚需的竞争优势品类、比较有吸引力的特色品类、与优势品类相关的关联品类，以及给消费者带来惊喜的新品类。** 这个品类结构对应的消费群结构和消费需求结构是比较健康的。

刚需优势品类，满足的是喜欢比较的选择型消费群；特色品类，满足的是品牌的忠实消费群；优势关联品类，满足的是消费者的人性化需求，主打消费者潜在需求挖掘和满足；能带来惊喜的新品类，满足的是喜新厌旧的新顾客、老顾客需求。

从消费动机和消费需求角度来看，品牌主打差异化消费群需求的平衡，刚需、特色、关联消费、新需求，每一个都重要。这样做，品牌可以把顾客流失率降到最低，实现新顾客吸收并转化的能力最大化，将老顾客的需求黏性和忠实度同时做到最高。

如果一个品牌一直倾斜爆款，负责消费者经营的经营者也偏爱爆款，那么这个品牌的消费者很可能就会昙花一现，有一拨爆品来一拨消费者，没有了爆品消费者就消失了。随着消费者认知越来越高、消费者越来越个性化，爆品就逐渐爆不起来了。那些自认为擅长看爆款、习惯做爆款的品牌，因为一直没有多少有效消费者积累，会更快倒闭。

当然，不同品类的品牌，消费需求结构会有差异，这里不再一一举例。

我们再说回款量分级，每一个品牌都可以为自己设定适合的款量分级标准，但这个款量分级的重点不在于重仓押注所谓的 A 级爆款，而是要在产品结构中，充分思考消费群结构和消费需求结构，让消费需求结构与品牌的盈利结构匹配、平衡，品牌才能持续发展。尤其是线下店铺，更应如此。

一个品牌的盈利结构，与消费需求结构密切相关。一个品牌的消费需求结构，反映了其产品组合基因。消费需求结构的合理规划和执行，是实现稳定赢利的前提。

## 为什么有的品牌闷声发财，你却很难模仿

你肯定听过"私域"这个词，一些细分品牌本身做的是细分人群的需求，在平台投流经营公域流量一段时间之后，会发现顾客数量不再增加，于是转而针对存量需求进行私域的经营。这类品牌通过一对一的、长尾的模式，为目标顾客提供精准的产品和服务。大家把这种流量模式叫作私域流量模式。

做私域的品牌因为专注细分领域，精准定位消费者，外部的宣传不多，如果不是有针对性地去了解，你很难发现这类品牌的销售规模。

这两年在视频号、小红书做私域的细分品牌越来越多。他们开始时通过一个较小圈层的影响力做基础流量，然后通过精准圈层推广不断扩大规模，年销售额往往在几千万元至几亿元，甚至十几亿元。这些小众细分品牌的产品以中高价格为主，利润率不低，团队人员数量从几个人到几十个人不等，组织精练、团队协作效率高，给人一种不知名却闷声发财的感觉。

另外，在淘宝、天猫平台，也有很多做细分消费群的品牌，优秀的品牌甚至连续多年霸榜，并开始发展线下店铺。

不管是做私域，还是在公域做细分人群，想模仿的人不是没有，很多人都看到了一些细分领域的机会。但是，当你做的时候你会发现，做细分品牌，模仿的成功率很低。为什么？

我们做市场，特别重视建立竞争壁垒。规模型头部品牌企业之间，往往是各种优势和差异化竞争，最大化释放资源积累优势。那么，做细分市场的竞争壁垒是什么？

细分品牌，可能缺乏资源优势，更谈不上有供应链壁垒，往往也没有什么积累。细分品牌的竞争壁垒，在于消费者需求更强调专业性、适应性、精准性。

**所以，针对某个人群、某个场景的专业性，针对某个细分人群、某个个性化需求的适应性，专注某个人群的需求精准性，就会成为细分品牌的竞争壁垒。**

为什么这么说呢？因为随着消费者认知的提升，细分需求会越来越碎片化，越来越多。这些碎片化的个性化需求，是规模型品牌必须选择性忽略的，因为做细分需求的产品需要耗费的研发成本可能更高。而且，做个性化的细分需求的产品，在服从品牌整体的形象、品牌价格策略和产品调性方面都会受到限制，规模型品牌做细分需求产品可能得不偿失。所以很多头部品牌如果看中某个细分市场，会重新建立新的品牌线，与已有的细分品牌站在相似的起点上。

另外，细分市场的流量属性，本身就是一种竞争壁垒。

首先，细分市场的需求规模本身就不大，在规模不大的消费群积累流量是需要时机、时间、声望的。一个品牌进入市场的时机很难复制。一个品牌积累粉丝所需要的时间是公平的，先进入者已经占据一定受众优势，如果你进入，你必须比先进入者有明显的优势。那么，没有多年对细分人群需求的了解，你很难做到超越先进入者。声望指先入为主的影响力，除非你找到先进入者的不足，去迭代细分品牌，而不是模仿，否则你的影响力很难超越前者。但是，很多经营者往往是模仿者，而模仿者不具备这种能力。

其次，模仿一个细分领域的成功品牌，成功概率很低。

细分品牌，本身具有品牌基因层面的模仿壁垒，不像模仿一个款式、模仿一个风格那么简单。

业内曾经有一个优秀的新生品牌，某 W，其产品设计很受欢迎，每年订单排名在业内都很靠前。一个做其他细分品牌成功的老板，得知这个讯息后，开始模仿该品牌。起初是模仿该品牌的产品风格，后来干脆把对方的设计师挖过来。模仿的品牌在第一年销售还是不错的，但很快在第二年订单就开始下滑，第三年被迫关闭品牌。

后来有业内朋友聊起这件事，问我其中的原因是什么，某 W 品牌的基因是什么，为什么后面连抄款都抄不好了？

查看连续几季的某 W 品牌货品后，我发现某 W 品牌的产品开发模式是深度模仿。品牌主设对一些比较新的前沿设计手法，进行了适合国人板型、穿搭、设计分寸感的深度改良，也就是把欧美最前沿的设计手法进行拆解，在保留一些流行设计手法的同时，融合了适合国人的设计元素，而且设计完整度很高。

由于是把欧美最新的设计手法当作创意源，某 W 品牌每季的产品风格视觉层表现会有些差异，但看上去都很潮，也很适穿。该品牌产品满足的是对设计品质要求较高、懂得穿搭、喜欢引领潮流的中高端消费群。该品牌的品牌基因，是对国际潮流设计的拆解，是结合国人穿衣偏好对重组设计水准的把控。这种技术层面的把控，需要具备对国人消费需求的量化拆解能力，需要具备对最新潮流设计的设计手法的拆解能力，需要把控各设计元素的结合与表达技巧。

也就是说，某 W 品牌的优势，不是选择某一类款式的市场眼光，而是善于创造符合市场眼光的产品设计手法，产品设计手法的变化把控是这个品牌的竞争壁垒。这也是某 W 品牌一开始销售还不错的原因。

但是，模仿者如果看到的只是表面的风格款式好卖，那他们可能只能抄一季的款式，很难做到每一季都跟得上。因为一个成功品牌每一个季节的产品设计手法变化较多，模仿者无法预测明年该品牌会推出什么。而且，如果一个品牌的目标消费者是偏高端的时尚消费群，而模仿者的产品原本不是面对高端时尚消费群的，那么模仿者就难以建立相似消费群的需求的微观体感，即便能模仿别人的设计，也和自己的消费群需求不一定匹配。可见，模仿者无法从基因层去模仿一个品牌。

总结一下，为什么细分品牌很难模仿：

第一，细分需求意味着细分领域的专业属性，包括对消费者微观体感、人性化细节设计、专业功能性设计壁垒等，这种专业性是细分市场对抗规模市场的优势。

第二，细分市场的顾客流量积累，本身有流量壁垒，因为细分市场的消费群是理性的、个性化的，他们有判断自己喜好的能力。一旦有品牌占据了某个细分赛道的头部，后来者就需要付出比先进入者数倍的努力。因为入场时机不对等，因为经验积累不对等，与其模仿某细分品牌，不如思考其他细分需求的品牌创建。

总之，细分市场对品牌定位的要求更细、更专业，品牌做到这一点，才能有望成为某个细分领域的头部，但往往很难做到。细分领域腰部、腿部的市场位置，市场需求量少，可能根本养不活品牌团队，或无法支撑持续健康发展的利润规模。

做细分市场，品牌更要有比较清晰的品牌基因。也就是说，一个品牌的消费需求基因、产品基因（品质工艺、价格价值、消费需求与调性、设计基因）、产品组合基因、优势基因，这四大基因要有比较准确的定位。

其中，消费需求基因不仅涉及定位认知，也涉及一个品牌的经营体系。围绕目标消费者的需求，匹配、还原满足这种需求的产品研发体系，就是产品基因。从某种程度上来说，消费需求基因与产品基因是一体的。如果一个品牌没有目标消费者需求导向的产品基因规划，不如只做单一品类，做别人的"螺丝钉"。

**一个基因模糊或基因不健全的品牌，做细分市场很容易做得什么都不是。看一个品牌好卖就去模仿，只是看到了一个风格在市场好卖，却没有搞清楚该品牌的消费需求基因、产品基因、产品组合基因，以及优势基因，对好卖的本质没有能力分析、跟进，同时对市场时机、**

**专业水准、声望积累等方面几乎没有思考，缺乏对策，这样的模仿注定会以失败告终。**

模仿，不管是想走捷径，还是自身不擅长创造，在消费群高认知的时代，已经很难成功。因为低垂的果实摘完了，高处的果实，不是你有市场眼光你就能够到，还需要具备系统的能力，才能把眼光变成市场。

消费者需求，对应的是一个品牌的消费需求基因，品牌对消费需求基因的思考属于外部时机与需求方面的思考。依据消费需求基因，品牌要在内部的研发上进行产品基因的匹配，把消费需求转化成产品开发体系标准。同时，品牌要从盈利角度去完善产品组合基因，面对竞争，从产品、运营、组织系统角度打造品牌优势基因。这是一个连贯的品牌基因决策体系。

一个品牌必须从消费者、内部、竞争对手、企业盈利四个角度进行深度思考，并建立起定位市场的应变决策系统，才能让品牌一直在市场中立于不败之地。

## 为什么设想的消费者与实际客群差异很大

我们都知道消费者定位的重要性，不管是开店还是做品牌，都要思考定位哪个消费群。但深入了解后，我们发现很多客户有一个明显的反馈，就是很多品牌最开始设想的消费者和实际购买的消费者差异很大，真正运营后要对定位时的思考做很多调整，感觉比较困惑，不知道问题出在哪里。这本质上是品牌定位和品牌经营执行的错位现象。

## 1. 终端模式错位

以设计师集成店为例。集成店通常是聚焦某一个核心诉求，并通过核心诉求这个价值轴来关联消费需求，或者关联需求群体的产品经营模式。其中的要点，在于目标消费群在这里可以获得更宽的选择范畴，带动更多的转化购买。但是我们看到的很多设计师集成店，往往是风马牛不相及的不同设计理念的品类、品牌集中在一起。这些品类的产品以所谓的独特设计为价值诉求，其核心诉求是比较宽泛的设计感，但消费者的实际诉求价值与其不统一。

在这种情况下，别说一个消费者买多件的连带转化，大部分消费者进店可能一件衣服都选不到。为什么？因为这类集成店并不是为了降低消费者选择难度，突出选择优势的产品集成，消费者看着特色不一的款式其实很难选择。貌似什么都有，结果选什么都没有比较空间，选择成本太高。

同时，设计师集成店吸引消费者主要是基于猎奇情绪，而不是一个具象的需求动机，没有目的的购物自然成交转化很低。这种视角的资源整合，做出来的需求集成效率很低，因此设计师集成店本想靠设计独特性吸引人，结果变成了只能吸引少量的低价淘货客群，最终关门大吉。

## 2. 产品需求的诉求错位

某童装品牌一开始进入市场的时候，选择做有设计感的产品，后来由于价格带偏高，很难销售，于是降低价格，结果进入价格战后，产品无法支撑原创设计研发成本，又因为没有低价供应链优势，最终退出市场。

这里的问题是一开始就没有搞清楚，在童装领域哪一种设计风格的受众消费群规模够宽，又有购买力。只想着做自己想要的设计风格，一旦流量积累慢了，又缺乏进入市场后的阶段策略，品牌就很难支撑住，也很难保证最初想要的消费者就是实际购买人群。

## 3. 优势错位

一个品牌在面料工艺上建立优势，做品质口碑这是没有问题的。问题是有的品牌容易忽略目标消费者最关注的差异化优势是什么。

比如某大码女装，表面看大码、宽松板型是这个品牌的优势，其实这两者都只是这个品牌的基础条件。把大码做得好看适穿、做得有细分风格，把偏胖人士的体型当成设计元素来打磨设计，把大码做出经典风格，在板型、工艺、面料品质层面打磨独有优势，才是这个品牌的优势。

对于大码人群来说，开始阶段只需要能买到衣服，买过几次后会期望买到更好看、更适合自己风格，以及工艺品质更好的衣服。品牌没有根据消费群认知的提升而升级，错把人群定位当优势，吸引的是偏胖顾客，但可能是图便宜的顾客，而不是忠实顾客。品牌有必要跟着需求趋势和市场竞争同步升级自己的优势策略，才可能吸引更精准的目标消费群。

　　当然，品牌除了因为上述错位现象导致客群和预期不同以外，还有很多和专业水准相关的问题带来的目标消费群差异过大现象。比如品牌在每季新品企划时，企划设计风貌图的风格表达很饱满，但是在单品设计时，由于几次筛选评审，把认为有夸张感风格的设计元素取消了。企划想要带动新消费需求，结果出的款只能卖给保守消费群。

　　我们可以看到，设计师在结合市场销售意见、目标消费者需求时，没有完整的企划策略和解决办法，对市场又不了解，设计出款被销售牵着鼻子走，于是，很多可以提升品牌影响力的设计，或者升级消费者时尚度的设计被毙掉了。原本品牌定位和企划都是比较有调性的消费者定位，定价和工艺水准也是较高的，结果变成了偏基础款上市销售。这是企划设计在消费者需求分寸感和款式设计尺度把控方面，没有量化设计方法导致的。这种专业水准不够带来的消费群错位，在很多头部、腰部品牌中非常常见。

　　消费群错位现象，可能很多企业觉得不以为意，反正都是做，既然抓不到目标顾客，抓住现有顾客卖货也一样。其实很不一样，因为你能吸引什么顾客，是你现有的认知、专业水准带来的，如果你的认知、专业水准不升级、不改变，你不能精准驾驭，那么伴随着自然流失率，你的顾客规模就会萎缩。

　　品牌企业如果没有抓住精准消费群的能力，不但营销投流转化会变低，在面对需求变化时也往往容易做出错误的决策，导致品牌企业生命周期变短。

> 有目标地吸引消费群，并能够吸引到目标消费群，是一种精准掌控的能力。这种能力，在市场需求变化面前，关乎企业生存。

## 怎么理解消费者的美学偏好

颜值就是正义，消费者对产品美学的需求越来越强烈。随着消费者体验认知的升级，美学已经成为一个产品的基本配置，消费一个产品的美学演化成一种基础刚需。

消费者对产品美学的需求，不像功能性需求那么容易量化成标准。美学需求属性，体现在产品外观的感知层，感知＝感觉＋知觉。描述产品感知层，离不开消费者的感受，而这种感受，因为每个人性格爱好、文化背景不同，所用形容词就不是标准的。因此消费者对产品美学的需求偏好，大家描述不同，通常也讲不清楚。

假如品牌不了解消费者需要哪一种美学风格，那么品牌的产品好不好卖、顾客接不接受，是比较冒险的。尤其是当下的消费者对美学偏好，都有了自主意识、个性化意识，不会因为产品来自大师设计就一定买单。

我们怎么知道消费者喜欢哪一种美学风格呢？

**美学风格，指产品外观的美学表达方向形成的格调。美学对于消**

费者来说有两层需求层面的定义，一层是理性刚需，一层是自我价值表达。人文价值观表达、情绪表达、艺术设计表达，这些是自我价值表达的美学追求，对应各类消费者感知层的需求。对于大众消费者来说，满足理性刚需的美学需求才是其主要购买动机。

对于服饰商品而言，大众消费者也有着偏理性的刚需的美学需求，包括：修饰美学表达、造型美学表达、气质神态美学表达、审美品位美学表达和身份价值美学表达。不同消费群，在不同的需求场景下，会侧重不同美学风格、美学需求。

## 1. 修饰美学表达

从爱美的角度出发，每一个消费者的第一需要往往是修饰需求。99% 的消费者都希望服饰最基本的功能，首先是对自身体貌特征有修饰性。这也是大多数人认为一件衣服适合自己的基础条件。

对消费者来说，对服饰的修饰需求体现在体型比例的修饰、体型局部缺点的修饰、脸型修饰等。服饰运用怎样的裁剪结构、配色关系、面料量感，以及设计细节，让一个人的身材比例看着更接近标准比例，让一个人的体型更接近标准体型？这需要有针对性的设计来解决。

比如，有些品牌企业的款式是按照标准比例的人台进行打版、设计的。这让很多款式在人台的衬托下看起来很美，但是消费者买回来试穿效果完全不同。所以市场上出现适合小个子、微胖女孩的风格穿搭品牌来满足这一部分消费需求。事实上，很多这类品牌做得还比较基础，其大部分款式只是把尺码进行了调整，并没有从服装设计元素层面针对小个子等特殊体型，进行专属的美学表达。对很多消费者来说，想要寻找风格审美和体型修饰都适合的衣服是一件很不容易的事。

当然，也有很多品牌在这一点上做得比较好。比如一些不同风格的品牌，都充分考虑了从体型比例的修饰和适应性上选择设计元素。这就是充分把修饰功能做成美学调性，并结合板型、面料的设计，通过设计元素的把控，把修饰体型这个刚需做到最好，最终形成了风格派系。

大部分消费者，尤其是女性消费者，把修饰美学的重要性排得比较靠前，在体型修饰功能之后，才去看服饰的其他属性。很多品牌的基础款在板型方面都会比较重视体型修饰功能。一个品牌如果把基础款的经典实用性与修饰美学结合起来，进行不同风格的设计，就会跑赢那些只会做基础款的竞争对手。

消费者对修饰美学的需求，几乎贯穿所有服饰品类，很多品类都可以依据这个抓手来升级产品、赢得市场。实际上，修饰美学在家居、家装等方面也很常见，将特殊产品的比例做得很有美感，形成独特格调是一种刚需。

总之，关键是**把修饰功能上升到修饰美学，而不仅仅是修饰，才会被消费者喜欢。因为越来越多的人不喜欢赤裸裸的修饰功能，欲盖弥彰的设计让人觉得肤浅而刻意。**

## 2. 造型美学表达

造型，我们可以理解为整体搭配，从鞋包到服装、发型和妆容。对造型整体搭配需求最强烈的是年轻消费者。想让自己成为怎样的人、体验怎样的风格造型，最快的办法就是"全身武装"成想要的样子，甚至袜子、内衣等"隐藏"的品类也不放过。

角色体验让抽象造型兴起，动漫文化带来的造型设计风格，被运用到日常的服饰设计中，由此延伸出来的一些单品，比如袜子、头饰等形成了一个个稳定的需求品类。

在新造型风格创造方面，有些设计师品牌，会利用整体造型的吸引力创造出一些极具个性的整体穿搭，这些造型风格吸引的是同样为此疯狂的小众群体。

另外，流行风格的造型搭配，是受众消费群较广的造型美学需求。最近几年行业竞争过度，加上新一代年轻设计师进入服装行业，很多流行风格的整体造型设计完整度变得更高。当然，对造型美学有需求的不仅是日常穿搭，运动、居家休闲等通过对品类整体造型的完整度打造，也吸引了更多消费者的关注。

关于整体造型，或者穿搭，消费者的认知还在不断升级。比如从穿搭基本不犯错到穿搭要适合场景、场合，再到穿搭要有自己的风格，再到穿搭要表现自己的品位，消费者对造型美学的需求越来越高、越来越个性化。

如今，消费者的穿搭认知普遍提高，对未来品牌在造型完整度方面提出了更高的要求。一个品牌，如果整体造型搭配效果让消费者比较满意，消费者可能会计划外购买。如果相反，即使是刚需，消费者也可能不选择。

**造型美学表达，有的品牌把这一点当作锦上添花，有的品牌把这一点当作营销推广手段，有的品牌把这一点当作产品研发的基本要求……这些不同，会让品牌走向完全不同的市场。**

### 3. 气质神态美学表达

气质神态美学，不是以服装的面料、廓形、色彩等本身元素的美学为设计表达目标，而是以穿着者的气质特点为设计表达目标。由于穿着者的气质特点，让服装看起来高级、有品位，这就呈现了服装的美感。衣服和穿着者是一个整体，我们不能单独评估衣服是否好看，而是要看服装穿在消费者身上是否好看。简单来说，可以理解为"谁的衣服谁穿"。

有的人气质沉稳，有的人神态灵动，有的人冷酷有距离感，有的人自然亲和……形成这么多气质神态的原因主要有几个方面。

第一，一个人的脸部线条走向，比如脸部线条是柔和还是硬朗。

第二，一个人的五官比例、线条特点的结合，比如圆圆的小鼻头看起来小巧可爱、圆圆的大鼻头看起来饱满夸张、眼角上吊看起来犀利冷峻等。

第三，一个人的走路体态和眼神神韵，比如目光严谨、走路带风，看起来又酷又飒。

国人的体貌特征的类型比较多，如果论气质神态类别，分类有十几种，在每一个年龄层、每一种社会身份的区分下，同类市场中还会有很多个由气质神态区分带来的细分市场。如果一个消费者发现一个品牌有适合自己气质神态美学表达的服装风格，就会把该品牌加入收藏，成为每次选购的必逛品牌，因为找到适合并喜欢的太不容易了。

服装穿着者的适应性，是其购买的动力。品牌服装的美学风格不仅是吸引消费者的手段，更是建立长期忠诚度的基础。消费者的审美一旦与品牌服装的美学风格表达契合，需求黏性就会特别高。

气质神态比较突出的人，穿什么都难以影响气质，这个消费群对美学需求不迫切；没有明显气质表现的大众消费者，对这种美学可能全无感觉。但是，那些正在沉淀自身气质，同时比较依赖服饰衬托气质的人，往往把气质神态美学需求当成选择商品最重要的标准。这个群体规模很大，有多个细分群体，因为每个人的气质神态都不同，对气质神态的要求也不同。而每一个细分群体，实际上都是一个规模可观的市场。

比如，**极简风是表达气质神态美学比较典型的风格，很多人都知道这个风格穿上显气质，但是没气质的人穿上也驾驭不了。这就是风格美学的属性，可以很有调性，但只为适合的消费者设计。**

在行业内，人们把服装的气质神态美学叫作调性。品牌想要调性，需要在一年四季不断变化的产品开发过程中，把握目标消费者的气质神态，在精准表达设计基因的同时，与新设计元素结合，这样的话，不管有多少款都不跑题。

其实，保持每季精准创新的品牌寥寥无几。大部分品牌都是找到一个调性后，每一季的开发都在小心翼翼地维护原来调性的完整性，直到目标消费者逐渐变老。管理多种类型的消费需求，需要每年每季做消费需求策略，然后把策略融入产品的开发过程，这样品牌才会一直有生命力。

气质神态美学，不仅仅是轻熟、中淑、大淑女装比较重视，其实还藏在很多基本品类、运动休闲等功能性品类中。抓住国人的气质神态特点，结合各种功能性需求打造产品，就是最恰当的本土化，也是成为经典品牌的路径之一。

## 4. 审美品位美学表达

审美品位是一种比较宽泛的美学需求，也是调性的一种。它和气质神态美学看似相似，其实不同。审美品位美学，不是以消费者气质神态特点为设计表达目标，而是以服装设计元素形成的审美风格为中心。购买者追求的不是气质神态层的适合自己，而是心理层喜欢的审美调性。

审美品位美学表达的需求，主要缘于消费者文化背景层面的影响。因此，有审美品位美学表达需求的消费者，是我们很容易感受到的需求人群。

比如，崇尚断舍离、低欲望消费的性冷淡风，希望治愈自己的禅意风，追求低调内敛的莫兰迪色系，喜欢自由舒适、体现又跩又飒的松弛感的慵懒风，等等。这些差异化的审美品位美学的表达风格，可能会与气质神态美学的表达风格重叠，比如某些消费者很容易驾驭慵懒风，可能更多的是因为消费者心理需求层的美学调性、美学需要。

不同调性的品牌，也许看不懂彼此，不认同彼此……但是不同的心境，成就了消费者关于审美品位美学的差异化需求。

受环境、文化影响的消费者心理需求层面的美学风格，具有比较明显的周期性。某一种价值诉求、某一种情绪，都会衍生出美学风格，比如经济下滑压力下的治愈需求，会衍生出有治愈感的禅意风，也会衍生出对抗消极心态的多巴胺风。

审美品位美学慢慢形成趋势化的时候，就会被趋势周期规则带动，与此同时被新的趋势风格替代。可见，由文化、情绪、价值观诉求带来的审美品位的美学表达，也会成为流行的范畴，只不过是另一种流行形式。

## 5. 身份价值美学表达

不同的社会身份都需要得体的穿着。身份价值美学表达，指的是以人文社交为目的，围绕某一个身份需要的形象要求，运用设计达到身份价值层的美学表达。一种得体的、合乎身份和社交角色的服装风格，会在目标消费者圈层形成影响力，为服装品牌带来注意力。越来越多的人，重视职场、商务社交场合的得体着装，这也是消费者认知提升的表现。

在着装形象上，有的消费者是想强调自己的身份，有的消费者是希望隐藏自己的身份，还有的消费者是希望看起来有身份，同时表达亲和力。这些不同的身份价值需求，就是完全不同的美学表达方向。

以表达某种社会身份符号为目标的美学设计，有社交需求，因此这个领域的品类和品牌变化比较慢，往往市场需求是比较稳定的。这一点可以解释，为什么我们看到商场里那么多偏通勤，又贵又不时尚的品牌占比很高；为什么日本作为一个低欲望消费社会，在女装领域，通勤职业装在商场中的比例份额占了大半。

当然，年轻人也需要强调身份的社交。年轻人的社交和成熟女性消费群的社交、成熟商务男性的社交，需求底层是相似的，只不过款式的表达形式不同而已。目前服装行业中存在的问题是，迫于身份阶层的固有形象，很多品牌的设计容易保守，其实在身份价值美学表达层面，消费者乐于接受设计的迭代、升级、创新，让自己的思维、能力看起来与时代同步。

以上，我们列出了五种美学需求动机，你的目标消费者的需求动机属于哪一种呢？

我们从消费者需求属性、需求动机、个性化消费、层级市场、美学偏好，为大家梳理了消费者各维度的需求特点。不同年龄、不同社会身份的消费群，在这几个维度的需求方向是不同的。

**把你的目标消费者在这几个维度中的需求特点列出来，你会获得一个需求加法，这个加法可能会成为你做存量市场的密码；把不同维度中的不同消费者的需求相似点列出来，你会获得一个需求乘法，这个乘法可能会成为你创造畅销品牌的密码。**

每一个品牌都有自己的消费需求算法。不过，有的算法公式不合理，比如那些用力推广都很难卖的品牌；有的算法是抄来的，比如那些抄改仿品牌；有的算法表面正确但经不起推敲，过于依赖趋势，过一两年销售就滑坡得很厉害。

"只要定位好、产品好，推广很简单"，这句话的本质就是我们要有精准的消费需求算法。一个品牌的消费需求算法，其背后是这个品牌的消费需求基因。一个品牌消费需求基因的合理性，对品牌来说关乎生死。

## 完善产品的消费需求基因，找到品牌不变的"根"

我们详细讲过消费者的多个需求维度的具体特点。如果想知道你的目标消费者喜欢什么，你就可以从功能、审美与风格、情绪、人文价值观、选择价值观，去分析你的消费者在每一个维度中的具体需求特点。

不同的品类，消费者需求特点的组合算法不同。不同的市场竞争形态，你要选择和设计的消费者需求特点中的优势特点也不同。我不能通过有限的文字讲清楚每一个品类的消费需求的定位方法，但是可以梳理几个要点供大家参考。

## 1. 需求动机和需求价值观排第一位

消费者的需求动机和需求价值观排第一位，目标消费者的需求动机和需求价值观是不同品牌之间不可逾越的界限。一个品牌可以做不同品类、不同风格，但是在消费者需求动机和需求价值观层面，绝对不能模棱两可、随意变化。

比如优衣库，满足的是消费者对"有品质的简朴"的价值观诉求，这不是简单地追求性价比。简朴，代表简单基本的款式，优衣库在功能面料研发层面的投入，让简朴的产品有品质。这不仅是从设计角度、面料功能性研发方面来打造这种价值观诉求，也是品牌价值观的传递。

很多低价品牌模仿优衣库，他们只看到了"优衣库的产品我也能做"，产品品质可能不比优衣库差，但是大部分低价品牌不会定义产品低价之外的价值诉求，也不重视延续理念诉求的研发，基本都是利用国内供应链优势，拿来就卖。消费者购买这些品牌产品的体验仅仅是感受到便宜，感受不到品牌的价值诉求。

要知道，价格永远有更便宜的，低价是没有下限的。所以，品牌即便是定义低价，也不能缺少消费者价值观层面的定义。低价品牌也需要价值诉求的积累，否则做不长久，因为消费者遇到更便宜的品牌就会放弃你而买更便宜的。

记住，**消费者购买低价产品，不代表没有价值观层面的衡量。**

很多年轻消费者开始拒绝消费主义，购买回归理性。部分消费者曾经体验过高价产品，开始倾向于简约、实用、减少频次的消费模式。这些消费者在转向"有品质的简朴"的同时，并不想丢掉自己的个性化，因此"有品质的简朴"也开始细分化。

但是，市场上的很多服装品牌把这种实用主义消费需求，理解为强调功能性、便宜、什么人都能穿，这就是对需求动机和需求价值观混淆不清。如果在经济下行时，推出差异化理念下的低价，其中也许不缺商业机会。

## 2. 满足消费者功能性需求，专业性很重要

在满足消费者的功能性需求时，我们要记住，专业性很重要。实际上，功能性往往是品牌专业水准的体现。功能性需求，市场上不再稀缺，但并不代表在功能层没有竞争空间，相反把功能层做到极致的品牌并不多。更何况，消费者功能性需求的维度在增加。对于服饰而言，消费者需要的不是单一的面料功能，板型的舒适性和修饰性、场合和场景的适应性、消费者体貌特征的适应性，都成为消费者选择品牌商品的功能性刚需。

满足目标消费群需求的一个功能是简单的，但是满足目标消费群多个维度的功能需求，其实不简单。多个维度的功能融合在一起，对

产品研发的要求更高，其中有很多细分市场机会，也意味着品牌有很多高溢价的机会。

比如专业运动领域，跑鞋运动品牌 ASICS（亚瑟士），致力于研发高品质滑雪服的 GOLDWIN（高得运），大众对这些品牌未见得熟悉，但对于滑雪、跑步的小圈子人群来说如雷贯耳，价格高昂根本不在话下，1000 元一双的跑鞋，5000 元一件的滑雪服……这些品牌专注于细分需求领域的专业性和精致感。

很多细分品牌，都专注于精准小圈子的渗透，通过赞助一些专业赛事，来与粉丝互动，并获得在粉丝圈的声望。

功能性方面，在女装中也有比较成功的品牌。比如某品牌 G，早年擅长做裤子的板型修饰，是从裤子这个单品发展起来的品牌。某品牌 G 的主要价值诉求，就是裤子板型设计要非常适合成年女性。很多成年女性的身材不再标准，需要衣服有一些修饰性功能。该品牌以裤子板型这个功能价值作为起点，链接上装，重视上装和下装的整体搭配，同时在款式上也会有所变化，在品质上也坚持中上，保持了功能性需求基础上的性价比。该品牌已经走过 20 多年，销售额一年几百亿元，是女装领域的"隐形冠军"。

某品牌 G 的款式不追求流行风格，审美调性也一般，但在四五线级成熟女性的功能性需求上抓得很紧，注重体型修饰、场合搭配、面料品质，甚至搭配的便利性。功能性需求是强刚需，该品牌的消费群黏性非常好，行业经过了几轮市场周期，对该品牌影响并不大。

不管做什么品类，在消费者的功能性需求方面，专业、坚持，通常品牌的发展就比较稳定。拼功能还有一定的市场空间，不过，品牌一旦选定功能性需求基因，就一定要专一，慢慢加强消费者的信任度。

### 3. 满足消费者审美与风格需求，精准最重要

我们要知道，满足消费者的审美与风格需求，精准最重要。消费者对审美调性越来越挑剔。如今的消费者，很多都不缺少见识，互联网让时尚审美的相关信息几乎同步到了 80% 以上的消费者。鉴赏能力提升是一方面，消费者对自我表达的欲望，以及自身适合什么，也逐渐建立起了一些认知，在审美方面的主观意识变得越来越不凑合。

完整度高的审美调性定位，可以为品牌带来高溢价，但关键是要"精准"。

美有很多种，消费者审美也是各有所爱。某一种审美调性好卖，主要就是产品正好"长"在消费者的审美上。品牌要做到这一点，需要运气，但更重要的是讲究方法论。

品牌想做到精准匹配消费者的审美，需要两个要素。

一是量化消费者的审美需求。

比如，我们提到过美学偏好来自美学需求的功能性导向，那么分析目标消费者有什么美学需求动机就是第一步。然后，根据洞察到的消费者审美偏好，尽量把一些感觉方面的模糊的形容词，变成产品研发设计可以量化的描述，比如把不同需求维度的具体特点罗列出来，作为研发设计筛款、审款的参照依据。

二是量化设计、精准设计。

在获得量化消费者需求的关键词之后，通过对设计元素的量化来精准表达消费者想要的审美风格。这一点非常重要，比如设计产品时需要把消费者对设计夸张度所需要的分寸感，量化成色彩的对比度、设计元素的位置、设计元素的大小比例等具体的设计决策。这就是把

感性需求转化成精准量化与设计的方法。

我们在过去做了非常多的积累，来确保研发设计在一开始就清楚消费者要什么，并且做出消费者想要的设计。而不是设计出来后，再到市场上被挑选，最终没有订单，什么原因都不清楚，浪费了市场机会与研发成本。不精准的研发，对于第三方研发来说，损失了订单，对于品牌来说，丢失了市场。

能够精准地匹配消费者的审美调性，需要解构审美、创造审美的能力，这恰恰是时尚品牌核心竞争力的落脚点。

在审美角度，一个品牌需要商业设计和产品设计两种核心能力。这两种核心能力的最终成果评估，就是品牌创造的风格是否刚好"长"在目标消费者的审美上，带来畅销。

我们可以理解为，研究一个格调的品牌是否畅销，等同于研究该品牌的设计表达与消费者的审美偏好是否匹配。

## 4. 满足消费者选择价值观需求，价格是关键

面对琳琅满目的竞品，消费者会选择什么，大部分经营者认为价格是核心，消费者追求的是性价比。另外，行业竞争激烈，价格定高了也会很难卖。因此，很多企业，包括线上卖家，基本都以成本倍率来定价，甚至卡着成本临界点定价。事实上，这是从市场视角看到的，从消费者视角来看可能会是另外一回事。

我们发现，**越来越多的消费者会购买便宜的商品，也会购买单价很高的商品，他们不是不买贵的，而是要给他们一个有说服力的理由，让他们更愿意买贵的。**

消费者选择商品，不再一味以低价为标准，要让他们觉得值、觉得需要，他们才可能购买。这种"该省省，该花花"的选择价值观，会在市场上催生两大类品牌。

第一类是功能导向更强的品牌，拼功能性的升级迭代。

在同等功能情况下，消费者会寻找最优性价比的产品，其中就包括一些功能导向的大牌。同时，消费者产生大牌平替消费，又会间接推动功能性产品的专业化细分市场的高单价现象。

第二类是情绪性品牌，拼情绪价值。

这类品牌通过产品设计、营销和体验，主打意义消费、取悦消费、情绪消费等享受性动机。消费者对这类品牌不以功能性需求为主，就主打一个"我喜欢"。这类品牌的产品定价，不能简单地以成本为导向，而是从消费者需求价值的衡量角度定一个合适的价格。这类品牌是典型的在营销价值和研发设计价值方面能力比较突出的品牌，也是真正意义上的高附加值品牌。

**消费者需求导向的选择价值，价格是一种价值衡量，但是消费者需不需要某款产品，并不仅仅是价格的问题。如果产品足够专业、足够稀缺，消费者足够喜欢，就算价格高，也可能促成购买。**同时，这里还有品牌产品溢价的机会。所以，在服装行业迎来结构转型期，很多品类都有做高溢价品牌的机会，这是市场结构调整带来的市场红利。

我们可以跟不上消费者需求变化的速度，但是一定要熟悉消费者选择价值观的变化，因为消费者的选择价值观决定了行业未来发展的方向。**我们有必要花时间洞察目标消费者的选择价值观具体为何，以保证品牌的方向不会跑偏。**

从消费者的基本需求维度，思考品牌的消费需求、价值诉求；从消费者的需求规模、需求黏性、需求频率、需求吸引力层面，找到一个需求属性集成。

# 第二章

# 精准战略制定：
# 从经营生意到经营消费需求

消费需求中，藏着鲜为人知的商业秘密。

抛开消费需求趋势、需求时机、需求属性解释一个品牌的畅销和滞销，就像是盲人摸象。

比如，有的品牌坚持多年一直亏损，有的品牌一上市就被消费者抢着买，有的品牌经历一个市场周期就做不下去而退出市场，有的品牌屹立于市场几十年不倒……

当行业需求旺盛的时候，很多决策失误都会被旺盛的需求带来的盈利覆盖，但是一个品牌倒闭，内部肯定存在一些原因。

如果消费需求趋势变了、市场需求时机变了，或者消费者需求偏好变了，那么企业内部问题的多寡及严重程度，就决定了这个企业还能存活多久。

企业盈利的本质是，抓住消费者的需求趋势变化中的需求时机、消费需求属性等要素，通过资源整合创造产品，争取到足够多的"甲方"（消费者是所有零售品牌企业的甲方）购买。

从消费者需求角度，你可以清楚地看到，一个品牌业绩为什么会下滑，产品为什么会畅销。从消费需求视角，去还原一个品牌的盈利能力是非常客观、非常科学的。当然，我们也可以反过来理解，只有掌握了消费需求趋势、市场需求时机、消费需求属性这几个要素，品牌才能在面对需求变化时做出正确的决策，成为一个成功的品牌。

# 从消费需求看品牌经营策略

消费者需求，是一个品牌企业赖以生存的根本。为什么有的服饰企业却忽视了消费者？消费者需求变了，但并不是没有需求，为什么无数企业对此显得手足无措？为什么有的企业总是跟不上消费者变化？……

这里有一个关键难点，就是应对需求不确定性。当然这也是服饰时尚行业的魅力。因为消费者需求不确定，企业判断对了需求趋势，就会赚得盆满钵满，反之则可能亏损巨大。为了应对需求不确定性、降低决策风险，服装行业做了很多努力。

比如：

为了降低决策风险，品牌选择跟进趋势、模仿畅销品牌、跟风抄款。

为了降低决策风险，品牌重视数据分析，统计销售概率、测款，来判断一个款的备货数量。

为了降低决策风险，业内发明了柔性供应链模式，甚至一个款几件，柔性生产。

为了降低决策风险，品牌采用加盟商订单模式，来分担决策风险。品牌与加盟商形成半协作模式。当然，这一点也会导致代理加盟商与品牌变成博弈双方，不能共享数据，带来了更大的市场需求不确定性。

为了降低决策风险，业内发明了快时尚模式，快速出款上新，用快和多来试错并捕捉变化中的消费者需求。只是快时尚模式需要较大的流量来支持数据判断，最终快时尚模式大部分变成了靠多开店的规模支撑，因为没有足够的店铺，就无法承载大量款式上新的快反模式，解决不了研发成本和产品周转率方面的问题。

为了降低决策风险，很多品牌操盘手，干脆把品牌产品的方向交给了合作的时尚博主，以最终销量结果论成败，因此很多品牌就像是影子品牌，很难积累品牌资产。

当然最重要的，还有各种推销、推广和打折等。

以上这些模式，在过去成就了很多企业，这些企业也获得了不错的短期利益。这种情况下，没有几个企业愿意花心思研究消费者需求，甚至很多企业认为自己是了解消费者的，研究消费者没有必要。比如在大多数企业中，一边喊着"顾客是上帝"，一边是企业决策闭环中根本没有消费者这个角色。就连与消费者需求关联最直接的产品研发，在商品企划和设计企划环节的决策流程中，关于消费者需求也往往一带而过。

这些模式、企业决策机制，是上一个市场阶段遗留下来的，放在今天，不是不好，而是远远不够，因为流量见底，且消费者需求在多维度产生了变化。用一个固定不变的决策机制，去解决变化中的需求，企业需要付出巨大的机会成本，冒巨大的市场风险。

走进企业，我们会看到企业内部的很多决策难点：

比如市场部，老顾客占比过高，怎么拓展新客群？未来的增量怎么做？

比如销售部，主推畅销品，新产品怎么切入消费者？怎么判断消费者的潜在需求？

比如企划部，消费者调研，怎么增加准确性？研发设计与销售的时间差，怎么从消费趋势变化节奏的角度做规划？

比如研发部，要开发新的产品线，从面料出发怎么做？多条产品线面对的是不同消费群，怎么保持品牌统一调性？

…………

此外，上游面料商，要根据品牌需求创新面料，而品牌无法讲清楚自己的需求，怎么做面料创新？

今天，企业各部门已经很难抛开消费者去做决策。但是，由于过去决策机制的惯性影响，消费需求视角的决策体系是缺失的。同一个品牌，不同部门对同一个消费群的理解有自己的视角，在品牌需要统一经营目标的时候，这些不同视角会阻碍跨部门协作的效率。很多企业，在战略、策略、终端布局，以及品牌竞争力逻辑方面，团队间存在认知差和行动差，这给组织带来了很大的沟通成本，给品牌带来了很大的市场风险。

流量见底、市场竞争过度、消费者需求多维度改变，市场正在重构，品牌企业需要重构组织决策体系，应对消费者需求导向的新阶段需求。

　　品牌需要全链路建立消费者需求决策体系，来从容应对消费者现在、将来的各种变化，增加品牌盈利的确定性。

# 消费需求是品牌决策的引擎

　　首先说明一下，这里不是讲品牌定位，而是讲品牌基因。

### 1. 品牌基因双螺旋

　　品牌定位，大家再熟悉不过。但是在近 20 年的咨询工作中，我发现一个现象，一个品牌的最初定位，或许很清晰，或许看起来很吸引人，但是在后面的经营过程中，基本没有不改最初定位还能多年一直畅销的品牌。

　　其中的问题是什么？是定位不对，还是品牌运营没做好？可能都不是。每一个品牌在定位之初都会深入思考，但是市场的变化节奏，品牌企业是难以预料的，所以品牌很难在坚持最初定位的情况下一直畅销。

　　通过分析将近 200 个畅销品牌，我发现，过去 98% 以上的品牌，畅销的共同点通常来自某一个消费需求时机。虽然品牌运营的坚持和积累等到了一拨消费时机，企业组织团队也非常努力，但决定品牌畅销的关键更多的是外部需求的推动。

　　于是有人说，一个品牌之所以做得不好，是因为时机不对。可是，时机是外部动机，企业做品牌不可能提前精准预测一个时机，然后提前好几年筹备一个品牌来等待这个时机，这个成本也太高了。

我们发现，一个品牌定位的市场反应一般，其本质原因是把品牌定位想简单了。过去的定位理论往往是营销角度的定义，而不是消费者需求角度的定义。这里有着本质的区别，营销可以是一个筐，什么都能包装进去；但经营消费者需求不同，品牌需要关注需求价值诉求，要有一系列变化的、适当的经营决策。

品牌从消费者需求角度进行定位，不仅是进入市场初期应该定义哪类消费群、哪种价格策略、哪种风格品位，还应该把市场变量的因素拿进来，把团队组织的决策体系拿进来，把定位怎么应对竞争、定位怎么推广、定位怎么应对变化、定位怎么精准研发设计等纳入思考。

消费者需求视角下的定位，不是平面的，而是加上空间、时间，是品牌在"四维"环境中获得商业盈利的载体。

**一个品牌能否赢得市场，是否能够抓住每一个外部时机，影响因素不只是一开始的品牌定位，还包括一个品牌在遇到需求变化时哪些不能变，哪些可以变、怎么变的一些原则。**

我们把品牌定位（人群定位、产品策略定位、渠道与价格定位、营销推广方式定位等）和品牌应对市场需求变化的应变原则这两点组合起来，结合实际情况梳理升级，使其成为升级版的品牌定位形式。这叫作品牌基因定位规划。之所以用"基因"两个字，是因为定位和应变原则，属于一个品牌价值经营中的关键内核，非常像生物学中的基因概念。

我们都知道，生物学中基因的结构是双螺旋的。双螺旋，意味着基因不是单一的，不是不变的，而是不断衍化的，而且这个变化是有某些机制、逻辑和规律的。那么，一个商业品牌，是否能像生物基因的逻辑那样，定义自己的品牌基因呢？

一些资深的业内专家早已论证过这一点，生物衍化的结构和商业品牌所需要的衍化结构，在逻辑上非常相似。那么商业品牌的基因双螺旋是什么呢？推动双螺旋演变的动力又来自哪里？

还是以服装行业为例。一个商业品牌基因中的双螺旋，市场消费者需求代表外部，内部决策执行机制代表内部。外部需求和内部决策执行机制，就像是生物学中的双螺旋结构，会推动品牌不断演化，所以我们把外部需求和内部决策执行机制统称为品牌基因（见图4）。

图 4　品牌基因双螺旋

## 2. 品牌基因的四个要素

经过长期大量的消费者与品牌研究，以及实际咨询案例分析，我们发现有双螺旋衍化机制的品牌基因，具备了以下四个要素。这四个要素我们在前文提到过，这里给大家再详细讲解一下。

### （1）消费需求基因

广义上来讲，消费需求基因包括消费者是谁，关键是消费者对产品的具体需求属性。品牌从消费群规模、需求频次、需求价值等角度，测算和选择消费群，并根据目标消费群的功能性需求特点、审美与风格需求特点、情绪需求特点、人文价值观需求特点、选择价值观需求特点，做出符合消费者诉求的定位。

### （2）产品基因

依据具体的消费者需求，结合竞争策略，在设计上精准匹配具体的量化标准，是内部企划研发落地与沟通的标准。

产品基因包括品质工艺、设计基因等，其中设计基因包括设计手法、设计尺度、设计层次、搭配模型、创意源等。由于服装行业每年的产品 SKU（存货单位）特别多、变化快，在大量的产品研发决策中，很多产品需求描述停留在一些模糊的形容词上，因此带来大量的研发成本浪费，付出无法估计的市场机会成本。所以，品牌有一套量化需求的具体标准和应变原则，对于提高产品研发效率非常重要。

### （3）优势基因

优势基因，即品牌面对市场竞争在模式、策略等方面的优势。优势基因是跟随竞争阶段演变的，每一种优势带来的品牌影响力，都是品牌优势基因不断积累的一个台阶。一个品牌，后期的优势升级一定是在原有的优势基础上，进行关联优势打造，因为很难打造新的优势类型。

当然，优势是可以从无到有逐渐积累的，这个优势的积累成本越高，未来做起来的市场周期就会越长，反之则会越短。从优势打造和优势竞争力塑造角度来看，选择哪一种优势基因与品牌的投入产出比密切相关。

### （4）产品组合基因

产品组合基因，即产品组合结构。产品组合的关键在于消费群结构、需求结构和盈利结构，是品牌实现盈利的产品结构定义。产品组合基因中，不仅包括需求结构层的组合，还包括客群流量经营视角的消费需求特点偏好组合，以保证品牌盈利结构的稳定性。

四个基因要素互相关联，又有各自的倾向与重点。消费需求基因是面对外部消费者价值诉求的规划，产品基因是面对内部企划研发的决策执行标准规划，优势基因是面对市场竞争的竞争优势规划，产品组合基因是回答品牌盈利结构的规划（见图5）。

**图5 品牌基因的四个要素**

这四个基因要素，从消费需求基因开始，依次是产品基因、优势基因，最后是产品组合基因。品牌定位之初，从消费需求开始，梳理对应的产品、优势、产品组合。品牌应对变化的决策，也是从消费需求变化的具体特点开始，梳理产品变化、优势变化、产品组合基因变化。

这是一个以消费需求变化为导向的品牌决策的完整体系。

我们可以看到，完整的品牌基因是多么重要。在流量充足的时代，可能无须这么复杂也可以做品牌，但是在竞争过度，流量见底，消费者需求价值转变、需求意识逐渐成熟的今天，品牌需要应对流量问题，需要解决消费者需求变化问题，需要解决竞争问题。商业问题很复杂，一年一个样，团队内部决策执行的难度在增加。为了保障品牌平稳地应对以上问题，获得相对确定的市场回报，优化品牌基因就变得迫在眉睫。

**品牌基因，不仅是可以解决品牌定位问题和执行问题的解决方案，也是一套战略决策体系，而这套战略决策体系的起始点，就是消费需求的洞察和判断。品牌基因决策体系，为品牌应对消费者需求变化，以及未来的变化，提供了一个可行的执行机制。**

不管是新品牌创建，还是原有品牌升级换代、改换赛道，完善你的品牌基因，是提高品牌盈利能力，或持续盈利能力的关键。品牌基因，是把一个企业的资源优势、盈利模式，或者创始人的做事风格，进行体系化、量化、标准化的内核机制。

## 消费需求是产品设计创新的锚

用设计创新，来应对市场竞争，来解决消费者需求，是在源头提升需求确定性成本最低的方法，这是每一个商业品牌都乐于见到的。过去，这在行业内却很难做到。

为什么？其中缘由值得我们思考。

一个品牌销量好不好，本质上取决于品牌的关键决策。谁决策与定调一盘货？定调这盘货的人是出于什么考虑的？他的衡量标准是否合理？他的判断依据是什么？有哪些人参与了决策？如果深究一个品牌的关键决策人的决策依据链条，我们就比较容易判断这个品牌的市场表现如何。

服装行业的产业链很长，参与产业链的决策者很多。如果让设计师越过品牌经营、销售推广环节直接去研究消费者需求，然后还要在整合上游面辅料信息、品牌战略以及营销需求的基础上，去设计消费者需要的设计，对设计师来说是一件很不容易的事。也就是说，其实很多品牌的设计师并没有决策哪一种款式适合消费者需求的能力和权限。

## 1. 常见的设计研发模式

那么，设计研发效率如何提升？大部分企业过去的设计研发标准都是由运营发起的，常见的有以下几种模式。

比如层层筛款模式。服装行业一些品牌的产品设计开发，抄改仿往往是主要方式。什么好卖就去抄什么，好的原创在短时间内会有无数商家模仿。很多老板全世界买样衣，回来就会扔给设计师，让设计师在这个基础上改款设计。然后从设计师抄改仿开发出来的款式中，由负责销售推广的人选出消费者需要的款式。

比如数据测款模式。设计师通过流行趋势分析或个人感觉开发出款（包括抄改仿设计出款），品牌经过挑选后上新推广，把那些收藏、加购数据较好的款式打版生产，数据不好的就撤掉了。现在的 AI（人工智能）设计生成技术，就能很好地实现这一点。有掌握这项技术的品牌，直接把 AI 生成的图放到线上测款，然后把反馈好的打版生产。

这两种模式，表面看起来非常高效，也是很多经营者在实践中得出的经验，与其让设计师辛辛苦苦做出设计而不好卖，不如直接找到好卖的设计来模仿。这样，决策成本低，销售利润好。而生产订单的数量，就交给测款来解决。

但是，层层筛款和数据测款虽然看似客观公正，却只能在不精准的款里挑选相对对的款，这叫矮子里拔将军，选款是不得已要做的。更何况，经营者选款以过去好卖的经验来判断，并不能以消费者未来需求为导向而做出精准选款。

另外，层层筛款、数据测款推动了行业同质化，同质化又降低了消费者的选择欲望，最后的结果是大家都不好做。品牌要想长期发展，必然要从消费者需求角度来定义研发标准，而模仿和筛款对于当下和未来需要的精准高效的流量经营来说，并不是高效的做法。

除层层筛款模式、数据测款模式，行业内还有一些方式方法。

比如积极反馈模式。有一些用心经营粉丝的品牌，在产品的开发过程中积极寻求消费者的反馈和建议，不断改进、完善设计方案，来确保设计的产品符合消费者期望；重视售后服务，通过售后服务来获得消费者的反馈。

比如个性化定制模式。根据消费者的个性化需求，提供个性化定制，甚至让消费者参与面料、色彩、尺寸和图案等元素的选择，打造一对一的独一无二的专属设计。这往往是来自高级定制或工装定制的产品开发模式。

比如消费者互动模式。举办线上线下活动，如座谈会、创意工作坊等，直接与消费者互动，了解他们的想法和需求，有助于品牌获得一手资料并调整设计方案，以满足消费者需求。有些设计师早期创业，从小圈层开始入手，通常是采用这种模式。有的品牌通过市场调研、问卷调查、社交媒体等方式获取关于消费者的喜好、风格、预算等信息的实时数据。这些数据可以帮助设计师了解消费者需求和趋势。

以上模式，对让设计接近消费者需求都有一定的作用，但又不能完全解决设计与消费者需求匹配的问题。

现在品牌企业要面对的是，行业中无数个细分需求的市场。越是细分需求，市场规模越小，如果要做细分市场，品牌需要兼顾细分需求和规模需求的平衡，这意味着品牌需要掌握消费需求的量化算法，否则选择了特别小规模的细分市场很难存活下去。

想要精准匹配、满足细分市场需求，需要获取的消费者需求信息颗粒度就要更细。而上述模式，获取的消费者需求信息是一个大概感觉和一些常见的具体功能。即便我们当面和消费者互动，消费者也很难把自己的感觉说清楚，比如审美偏好，关于喜欢的感觉，每个消费者的描述都不一样。我曾经为高级定制企业服务过，其设计师与消费者一对一地沟通，一对一地设计画稿，打版、改版、修正，来回沟通十几次，最终消费者复购率却非常低。这说明与消费者访谈获取的信息只能是一部分，并不是精准研发的最好方法。

## 2. 让设计更接近消费者需求

那么，怎样才能让设计更接近消费者需求呢？主要有以下几步（见图 6）。

第一步，理解消费者需求。

设计师、经营者都应该对目标消费者有清晰的认知，了解消费者需求特点是基础。比如消费者的美学需求，消费者是更重视修饰美学，还是造型美学，或是气质神态美学，这对于设计来说方向完全不同。

而大部分经营者眼中，消费者是一种流量，他们多用数据来理解消费者。至于如何把多样化的需求进行分类、提炼，不是所有的经营者都具备这种意识和能力。因为经营产品和经营消费者需求，是两种思维。经营者大多擅长经营产品，但不擅长经营消费者需求。进行产品经营决策的人，有必要先学会怎么理解消费者，因为这是经营好消费者的基础认知。

第二步，洞察调研消费者需求。

不能因为觉得自己了解消费者，就不做消费者调研。相反，只有带着对消费者的理解，通过调研和洞察补充认知，才能一直踩准消费者微观体感级的需求，并进行确认、判断与决策。要把消费者调研、洞察列为工作日常，并且完善从调研与洞察消费需求到需求判断、需求策略、设计策略、设计量化标准的一系列分析决策、落地流程。

第三步，运用设计基因，进行创新设计。

满足消费者需求，需要不断地制造惊喜。设计师要在深度理解消费者需求的基础上，通过设计手法、设计元素、设计尺度、设计层次等不断进行有目标的精准创新设计。同时，在产品设计基因的应变管

图 6 需求导向产品创新机制

理方面，企划人员会规划设计基因的调整策略和设计策略，为设计师指明创新设计的方向。比如：明确市场竞争策略方向；与竞品具有相同风格时，通过增加设计层次来超越竞品；通过调整设计尺度，来调整款式时尚度，从而扩大消费群规模；每一季根据市场情况，规划不同的产品设计策略。

第四步，建立消费者需求属性数据库。

精准的产品设计决策，需要数据的实时反馈。通过销售数据可以验证产品是否真正满足市场需求，不断优化设计决策。要实现这一点，需要为每一个款式建立一个消费者需求代码。比如一个款式的领型、夸张度等代表消费需求特点，用不同的编号来代替，为一个款式建立一个款号识别体系。当代表着不同消费需求特点的款号产生销售数据时，品牌或设计师可以清楚地看到不同区域的消费者在不同需求特点上的偏好比例，以及不同需求特点的消费占比，以此来判断不同消费需求的受众规模和特点，为下一季产品设计开发提供具体的方向和依据。

服装行业过去的数据分析，是以运营需求为中心的数据分析，每一个款号中的信息代表的是年份、季节、品类、颜色等产品属性，并非消费需求属性。后期对款号信息的分析数据比较有利于产品运营调补货，以及库存、盈利方面的统计，但很难分析消费者购买产品的具体原因，从而阻碍了企划设计环节的分析判断。

如果打通描述消费者需求的款号信息和原有款号信息，就可以及时获得消费者在款式选择方面的需求特点。经过两三季的数据反馈，企划设计会对并未谋面的消费群越来越了解。当然，数据反馈的目的是获得更及时的需求信息，但是不能代替真实的消费者洞察与了解，因为消费需求的集成变化很多，看需求属性只是其中一个辅助角度。

第五步，组织团队完善需求沟通体系。

一个品牌的品牌战略、商品企划、设计企划、营销企划、销售推广等部门负责人，各自负责不同的环节。在消费者需求洞察、消费者需求策略、产品策略、产品企划设计等环节需要跨部门沟通的时候，要形成可量化、可落地的沟通语言标准。企业上下游部门有能力根据消费者需求变化，理解贯穿，朝一个方向努力，这对于组织协作来讲非常必要。

很多品牌企业的商品企划部门和设计企划部门是很难沟通的。商品企划关注数据分析、盈利企划、品类占比、款式结构占比、价格策略等比较宏观、理性的计划。这种计划往往由一堆数据形成，当设计企划部门来沟通商品需求时，他们面对一堆的数据，很难将其变成感性的设计方向。

设计企划的工作，往往从流行趋势分析、设计主题企划、主题色彩、面料、图案等画面联想开始，展开对设计的表达。设计企划案结束后，设计企划部门和商品企划部门就此进行讨论时，彼此不能完全理解一致，只能等到款式出来再定。但往往款式出来后，各部门过来看款的时候，又回到凭个人经验、个人审美来判断上。于是，最终上市的产品，并非严格根据商品需求做的设计，也不是严格按照消费者需求做的设计，而是由各部门的人，尤其是核心决策人的眼光来决定的。

模糊的企划沟通，让部门间的协作效率非常低，不精准的开发给企业带来了巨大的风险和成本。

商品企划部门的市场战略、品类策略都应该转化为具体的设计需要。比如品牌需要提升渗透率，即流量转化效率，那么具体针对哪一类消费人群，需要什么类型的款呢？是需要有性价比的新款，还是需要现象级爆款，还是把经典优势款进行系列延伸？商品企划部门至少要传达类似这样的需求，这是一个产品开发方向，而不是具体的上衣多少款、外套多少款、下装多少款。

设计企划部门需要把这个需求方向转化成设计策略。比如把经典优势款进行系列延伸，计划怎么延伸？是价格延伸，品类延伸，还是款式风格类型延伸？每一种经典款延伸会涉及哪些具体的设计手法？然后拿着这份设计策略方案与商品企划部门进行沟通，或许商品企划部门会给一些不同视角的反馈，设计企划部门根据综合思考来完善产品开发。

设计企划部门如果是与商品企划部门分享创意故事的想象画面，需求标准就不会被打通，是得不到什么反馈的，因为商品企划部门很难根据美丽的画面来理解和想象最终的款是什么样子的。业内流传着一个笑话，"每次设计企划方案都做得特别好，就像是一个美丽的梦，等款式出来了，梦就醒了"。

> 品牌要做到精准开发，需要把影响消费者需求识别、需求理解、需求落地的环节找出来，把这些环节的"摩擦力"影响降到最低，建立一个客观的决策流程，来保证品牌能够持续做出消费者喜欢的产品设计。

## 消费需求是服务客户的抓手

服装行业，有很大一部分品牌商家、线上卖家，是不做产品研发的，主要通过与第三方的设计、生产分工，来发挥自己的运营优势。

为品牌商家提供研发、设计、生产服务的面料商、生产商和设计服务公司，他们的产品研发决策模式，影响着这个行业的大部分市场趋势。

作为上游的供应企业，他们对市场的判断和对消费需求的了解，本来是来自品牌商家的诉求。但是，危机来临时，无数品牌商家选择保守主义，转而更加依赖上游供应企业的决策，因为不想压货备货，希望供应企业提供现货来降低市场决策风险。于是，我们就会发现一个决策倒置现象，面料商、生产商、设计服务公司，开始想办法越过品牌商家研究市场需求，想办法提升自己的专业服务能力，而不是由品牌商家提出具体需求。

有数据统计，一些头部、腰部的品牌商家，每年选定的款式有30%~40%是来自面料商，大部分线上电商自主开发的比例低于30%。当然，这个过程中也有很多供应企业习得了新技能，逐渐搞清楚了市场需要什么，于是他们干脆自己开店、自己做品牌，这几年供应企业试水做品牌的案例很多。

消费者需求，对于供应企业来讲决策距离最远，这中间的很多环节都会让某些决定变得非常不确定。大部分供应企业能看懂的、敢于做决策的市场需求方向，往往都属于标品范畴，比较常见的有休闲服、运动服、家居服、内衣、商务男装等销售周期比较长的品类，尤其是基础款、经典款。这些品类的供应企业常通过提升面料、品质和降低价格，来获得市场竞争优势。而关于时装类，比如流行风格的供应企业，则需要依赖品牌商家给予的需求风向。因为非标品类、非标风格非常依赖品牌商家流量属性的经营积累，面料商、生产商很难有对这类需求的深度理解。

当然，第三方设计工作室在为客户服务的过程中积累了自己的生产管理、设计管理经验，同时设计师主理人的眼光和市场感觉很好，拥有自己做时尚品牌能力的也为数不少。

消费需求，对于供应企业来讲不像对品牌商家来说那么生死攸关，但是如果供应企业掌握了消费需求属性识别、定位、精准开发这一系列能力，一方面可以为客户提供更专业的服务，以获得更多订单，一方面也能为自身发展创造更多选择。

在应用层面，消费需求属性，对于供应企业来讲提供了一种管理手段。供应企业可以把消费需求属性洞察、策略定位、精准开发作为研发设计的工作流程标准。我们接触和辅导过一些供应企业，他们比较关心如何通过管理流程机制来提升客户服务质量和研发效率，比如：怎么调研、了解客户，分析客户的需求；怎么避免市场机会损失；如何与客户沟通，获取更清晰的需求；如何定义精准开发的目标和深度，实现精准开发；等等。

时尚女装领域，一个款式的面料肌理、花型、材质功能，对成衣设计来说特别重要。面料肌理、花型的设计，要和成衣设计师的设计思路契合，才能让成衣发挥出面料特点与成衣卖点，而成衣的设计风格要和品牌定位、产品策略契合，才能让成衣触达更多的目标消费群。面料开发需要与设计师协同，与品牌企划协同。这种协同机制决定了一块面料是否会畅销，决定了一件成衣是否受欢迎。

一件产品的设计，会分散到好几个设计决策环节，建立协同机制需要打通技术和数据，需要以品牌消费需求策略为导向。如果这种协同很难实现，那么就会逼着面料商、生产商和设计服务公司，精通与消费需求相关的方法体系，去独立开发受消费者欢迎的产品，以此来影响品牌、影响市场。

尽管竞争激烈，但是不会做品牌的商家一抓一大把，服装品牌操盘的专业化程度普遍不高。大部分品牌都在拼价格、拼有现货、拼投流方式，**他们把流量获取难，归于大环境和竞争，很少会思考自己应该怎么通过产品价值诉求来经营消费者，怎么通过品牌价值诉求和策略快速提升消费者忠诚度，怎么深耕需求做稳定的市场。**在这种情况下，很多上游的供应企业非常被动，因为客户说不清楚目标方向，产品开发只能估摸着来。

> 在大部分人眼里，服装销售只是一个买进卖出的生意。很多品牌商家面对消费者需求的周期性改变，选择保守主义、躺平等方式让自己活下来。但是在消费者大幅度削减服装开支的消费趋势下，选择保守不创新、躺平，"窗口期"越来越短了。

# 基于消费需求的策略是 AI 时代差异化竞争的核心

AI 设计来了，AI 对服装行业会带来什么影响呢？

一是提高效率。

AI 设计可以大大提高设计师的工作效率和创新能力。通过机器学习，AI 可以根据历史数据和趋势来预测新的流行元素，帮助设计师在初期就掌握更多的灵感来源。同时，AI 的设计算法也可以生成大量的设计方案，供设计师筛选和修改，极大地节省时间和精力。

二是个性化生产。

AI 设计的一个优势是可以实现个性化生产。传统的服装定制需要花费大量的人力和时间成本，而 AI 可以根据每个消费者的需求和喜好进行个性化的设计和生产，从而满足定制企业的设计追求。

另外，如果你善于训练和运用 AI，那么生成式 AI 设计的完整度可以达到 90 分。如果服装企业为了提升开发效率，那么 AI 设计可以轻松解决这个问题，可以更快、更直观地呈现设计款式。

也就是说，AI 不仅提升了效率，更是一种生产力。

三是降低成本。

由于 AI 设计可以提高效率，实现个性化生产，因此可以为服装品牌带来更低的成本。此外，AI 还可以帮助企业更好地管理库存和供应链，进一步降低成本。

四是挑战传统观念。

AI 设计可能会挑战传统服装品牌的定位和经营模式。一些创新型的品牌可能会利用 AI 设计作为突破口，推出更加前卫、个性化、差异化的产品和服务，从而吸引更多年轻消费者的关注和支持。

总之，AI 设计不仅可以提高效率、降低成本，还能带来更丰富的产品线和个性化的服务。

还在不断进化的 AI，未来很多品牌企业可能都会用上它。那么问题来了，对于品牌来讲，供应链可以共享、"种草""拔草"博主合作推广也几乎成为其起盘模式的标配，假如每一个品牌在设计、推广方面能够获得同样的条件，每一个品牌都拥有"整套工具箱"，那品牌的竞争力来自什么？

答案是，不一样深度和视角的需求洞察。

消费者的需求洞察、结合需求洞察设计满足消费者需求的能力、结合市场竞争和资源整合的商业设计能力，会成为一个品牌的核心能力。一个品牌实时踩准需求、把握时机、抓住时机进行商业设计，把需求模型转化成产品模型，完成这些需要多维度信息整合，并进行策略思考，这些是 AI 做不到的。因为综合的信息整合能力，其规则变化具有未知性，人类短时间内难以投喂给 AI，这可能是商业竞争留给人类发挥的最后一个领域了。同时，市场上的每一个需求都不一样，你可以完全区分竞争者，做自己的商业品牌。

一次行业讨论时，一个资深设计师跟我说，设计师创业做品牌，不就是在做多维度资源整合这件事吗？

是的，其实不管是设计师创业做品牌，还是买手创业做品牌、有供应链资源的人做品牌、品牌高管创业做品牌、零售商升级做品牌等，都是在做发现需求、整合资源、设计品牌、运作品牌这件事。

但是，有效的商业设计，或者说有意识地从需求到设计、推广，并且可以跨越某一个市场需求周期的品牌，目前还比较少。过去大部分品牌创业者，几乎都是在做一件自己特别想做的事情，做得好、做不好，运气成分占比很高。不少企业是依靠时代红利赚的第一桶金，时代红利没有了，就会面临生存危机。

我们不说初创品牌，以那些成功的品牌为例。我持续跟踪研究了线上几百个头部、腰部品牌，分析他们的销售数据表现及消费群变化，发现 95% 以上的品牌在应对消费者需求变化这件事上，都有靠运气、试错的感觉。通过连续的数据和产品表现，我们能看到大部分品牌并没有清晰的应对需求变化的产品策略。

比如某知名品牌，曾是明星企业，旗下有五六个子品牌，我们以其主品牌为例分析。

该品牌早期定位棉麻面料的平价设计，在"90 后"这一代消费者还没有出现的时候就很火了。早在 2012 年、2013 年，品牌就被平台扶持获得了流量曝光优势，价格不高，品质说得过去，在还没有开始性价比竞争的时候，凭着与线下品牌虚高的加价倍率的对比优势，品牌获得了不错的口碑，销量不错，很快就发展到了在线下开店。可以说，当时该品牌做对了决策，因为当时有流量扶持，以及有超越线下传统品牌的高性价比产品的竞争优势，该品牌做到这里是成功的，线上的粉丝活跃度也很高。

后来，2016—2018 年线上性价比竞争成为主流，性价比优势逐渐成为行业基本条件。2019 年开始，"90 后"消费者逐渐进入主力消费群，倡导特立独行设计的审美风潮。2020 开始，慵懒舒适风盛行，新冠疫情期间实用主义需求成为趋势。在这几轮消费趋势面前，该品牌始终没有推出有效的应对策略，产品调性依然如故。其实，这个时候该品牌的数据逐年下滑得很严重，2021 年统计该品牌的粉丝活跃度时，已经比之前下降了 2/3，几百万粉丝单款平均销量两位数。

直到 2022 年，该品牌才有了一个小动作，将过去的棉麻结合流行元素，调整为棉麻结合流行风格并进行款式升级，但是作用已经不大了，一是这个策略太滞后了，二是这个策略过于小心，力量太小了。老顾客的需求早已变了很多轮，顾客流失得所剩无几。

该品牌的策略没有基于消费需求优化升级，已经变化为消费群下移到四五六线级的大众消费品牌，已经从一个细分领域的头部，掉到这个领域默默无闻的位置。可以说，该品牌只抓住了平台红利一个时机。后来的每一个消费需求趋势需要的产品升级，以及市场竞争趋势需要的品牌竞争力升级，该品牌都没有意识到，也没有正确的方法来应对，而是躺在过去的功劳簿上吃红利。业内类似这样的品牌很多。

再如年轻的新消费品牌，我从三年的头部、腰部上榜品牌中，很容易发现一些新的黑马品牌，也很容易发现已经在榜一的品牌，一年甚至半年后就在榜单上消失的例子。

年轻的新消费品牌，产品定位比老品牌更符合新消费审美，很容易借助自媒体推广短时间内被消费者发现并热销。但是新消费品牌的生命力，并没有比老品牌的更顽强。这些新消费品牌虽然抓住了当下某一个趋势时机，但在新的一轮市场趋势下，依然缺乏应对挑战的商业设计能力。

洞察消费者需求、把需求转化成品牌策略、建立新的产品创新模型，这些能力并不是只有品牌初创时需要，而是在每一个需求变化阶段都需要。

AI可以替代人类的一些工作，但是无法替代人类做商业洞察、整合决策。

AI时代，需求洞察力，以及把握底层逻辑、整合综合资源、深度思考、针对每一个需求变化进行商业设计的创新能力，是未来的品牌竞争力。而消费需求的分层梳理，是品牌做出正确决策的基础，是品牌打造差异化生存能力的基础。

# 成功品牌如何打造品牌价值

在所有服饰品类中，女装是最复杂的。

我在做项目咨询工作的同时，一直关注线上女装头部、腰部品牌的数据表现，几年跟进下来深有体会，那就是女装品牌推陈出新的速度特别快。

国内消费者，过去40年在需求认知方面，经历了一个快速成长、快速变化、快速学习并提升认知的阶段。因此，一个品牌如果赶上某一个变化中的需求时机，就可以借着需求趋势快速出圈。有很多品牌主理人，非常坚持自己的定位，可能在守候、积累很多年以后，等来了一个需求时机，终于上岸拿到了结果。当然，也有不少品牌企业在消费者一拨接一拨的需求变化中，找不到应变的方向，逐渐老化。

从消费者需求变化的角度看，服装行业的市场分为三类：变化比较慢的标品市场、变化比较快的流行市场、变化不快不慢的细分个性化市场。它们分别对应的是标品类、流行趋势品类、个性化细分品类。

由于变化的速度、变化的形式不同，标品类比如运动服、休闲服、家居服、内衣、基础通勤装等的需求变化比较慢，品牌经营者对这类需求的识别难度低，一个品类的需求很容易被量化，所以这个领域的竞争要拼硬功夫。比如，拼功能性创新产品研发，拼品牌营销，拼创造社会身份符号价值诉求、定义高端形象，拼供应链资本优势、规模优势，做更低价格等。标品类做品牌，想投机取巧、弯道超车比较难。

而变化比较快的流行市场，其盈利模式和竞争模式，完全不同。细分个性化市场，每一个品牌的格调、风格不同，对应的消费者需求属性、需求价值观不同，与其他两类也有着完全不同的竞争模式和盈利模式。

## 品牌畅销的秘密

市场再难做，也有畅销的品牌。看到畅销品牌的第一反应不是要去抄，而是要问为什么？我研究过 200 多个畅销品牌，这些品牌畅销背后都有一个相同的原因，就是其产品与消费者需求高度匹配。品牌刚好撞到这个时机，就会成为幸运的畅销品牌。撞到这个时机要靠运气，因为这个外在时机，不是由企业内部决策出来的，而是趋势衍化积聚出来的。

在消费需求五个分层中，过去几十年需求变化都产生了对应的需求时机，带来了市场机会。

## 1. 个性化审美需求时机

比如，某知名运动品牌 L，代表"国货潮牌"的崛起。2018 年，大众运动品牌同质化，遇到了"90 后"新生代消费群崛起。"90 后"宣扬自我个性的消费需求特点，与市场同质化、时尚设计的缺失碰撞在一起，让该品牌在一次纽约时尚走秀中，点燃了对运动时尚化需求的势能。

其实，当时该品牌参加纽约时装周，是天猫联合纽约时装周推出的"天猫中国日"的活动需要。天猫要挑选出能代表中国不同消费群体的四个品牌，被选中的品牌 L 试图努力发挥中国概念，以传统概念悟道，结合经典的红黄配色，用时尚的结构、廓形演绎运动风格。没想到，这种运动时装化的设计风格反响强烈，一炮而红。

这是该品牌没有预料到的，因为在业内这算是一次正常操作，对很多时尚品牌走秀来说，用概念带动品牌符号和记忆是常规设计。但对运动品类来说，这次时装化的设计走秀，使其时尚需求属性表达了出来。

运动品类的消费需求动机有很多种，比如专业运动功能需求、休闲需求、搭配便利性需求、时尚生活方式表达需求、自由个性表达需求等。而在 2018 年以前，国内的运动品牌基本以休闲、运动需求为主，款式设计缺乏个性化表达的时尚感，尽管穿着舒适，但是因为不够时尚，穿着机会往往限于休闲场合。而该品牌的时装设计，让运动变得很潮，满足了年轻人表达时尚个性、日常穿搭的需求，等于给运动服增加了一个需求场景。该品牌也趁机快速推出某潮流运动品牌，来迎接这一拨消费需求时机。

但是，需求时机是流动的，需求时机会因竞争和消费者的需求认知变化而变化。

该品牌因为获得了较高的关注度，一开始产品销售不错。但严格来讲，潮流运动不是一个清晰的定位，将"潮流"和"运动"做品类设计融合，只是在产品功能价值方面多了一个维度。实际上，每个品牌都可以做潮流元素和运动的结合。需求功能融合之后，品牌要明确具体的产品设计诉求和品牌价值诉求是什么，但该品牌对这一点并不是很清晰，导致品牌价值诉求模糊。同时，在后续的市场趋势演变和消费者需求趋势演变中，我们并没有看到该品牌在产品方面寻求有效的应对策略。

**消费需求时机遇到了，能否看得清、抓得住，应对变化决策能否做得准，这些属于完全不同的能力范畴。**遇到需求时机，可以靠运气，但是其他方面需要不同的专业实力来解决。

## 2. 情绪需求时机

某 Y，是在 2018 年、2019 年走红的品牌。该品牌凭借较大的设计尺度，制造设计冲突感，以廓形、对撞设计元素、对撞色彩所形成的趣味性、抽象的设计风格出圈。该品牌在同质化的众多品牌中显得格外扎眼，快速成为业内热议话题。

在 2018 年以前，时装品牌的价值诉求基本聚焦在功能、审美风格、调性、社交身份层面，纯粹在情绪层面表达的品牌很少。当然，很多设计师品牌会在情绪层面表达，但风格设计是否受欢迎，还要看其情绪表达和消费者的需求是否契合。

某 Y 从情绪层面表达自我，把特立独行、叛逆、趣味融合在设计中，对于目标消费者来说是一种逃离传统的释放。该品牌恰恰遇到了"90 后"这一代年轻消费者，敢于表达自我的情绪需要。当然，夸张地表达叛逆情绪，以及较高的价格，放在"00 后"这一代不一定有多少人认同。由于价格高和情绪需求有偶然性特点，某 Y 的市场销售规模较小，从公开的数据看，品牌盈利空间不大，这是值得该品牌从设计基因和消费需求基因角度深度思考的。

另外，这类具有夸张形式感的情绪表达，通常可以持续的市场周期比较短，毕竟情绪需求是一种体验，体验过后，这种情绪属性对消费者来说就没有了新鲜感，他们自然就降低了需求期望值。

某 Y 感受到了需求热度下滑，在 2021 年调整了产品的设计尺度，让设计元素表达不那么夸张，以捕捉忠实粉丝的延续需求。

**情绪需求是一种消费需求，但是品牌定位在某一种情绪上是比较危险的。只有把情绪当成品牌的一种附加值、创新力，才能拉长品牌的生命周期，给品牌带来活力。**

关于这一点，我们会在第三章详细地讲。

### 3. 选择价值观需求时机

在 2015 年、2016 年，性价比竞争趋势在电商中兴起。很多品牌开始意识到把线下的品质、信任感和线上的运营效率优势带来的低价结合起来，打造性价比，可能会让品牌出圈。性价比是一种选择价值观，带动了更多有品质要求的高价格消费群，开始在线上消费。消费者购买的时候，选择价值观需求一旦被提示，他们就会带着这种消费意识来选择商品。

那两年，诞生了很多以性价比为导向的品牌，某 E 就是其中一个。该品牌选择错位竞争，选择与线下传统高加价倍率的品牌争夺客流，在线下开性价比较高的品牌店铺。这个策略是非常有效的，该品牌当时非常受通勤上班族喜欢。消费者在商场购物时，该品牌非常有优势，抢夺了线下实体客流。

某 E 的定位是做基础款、经典款、大牌平替款、每年畅销款的改进款，以服装的通勤场合的实用基础穿搭风格为主，推出面料、工艺、品质过关但价格低于同行的女装产品。

本质上讲，当时某 E 并不是抓住了消费需求时机，而是抓住了行业价格竞争带来的比较性选择优势，用同样的款以更低的价格抢夺客流。这个策略过去通常在低价商品中推行。某 E 做的是在中高端价格中做低价竞争，这对于国内女装来说是一个市场竞争趋势的分水岭。此后，国内服装产品的每一个价格带都出现了性价比竞争。

作为竞争策略，性价比在当时是有效的。接下来，该品牌还遇到了两拨消费需求时机。首先是大众消费需求升级，2016—2019 年大量中低消费者的收入增加，带来消费能力上移，某 E 的价格是普通上班族够得着的，于是带来了连续几年的销售增长。后来因新冠疫情，大部分消费者收入下降，实用主义消费价值观兴起，曾经的中高端消费群转而购买实用性较强、性价比较高的品牌，该品牌又迎来了中高端消费群选择目标下移的市场机会。

某 E 什么都没改变，一个基础款性价比策略让其一直畅销，而且每年款式没什么变化，产品的开发成本很低，却拥有了自品牌创建以来持续七八年的畅销。不能不说，这是一个幸运的品牌。

不过，今天注重性价比、实用主义的品牌越来越多了。比如 2023 年的大牌平替，就是基础款性价比再加上品质调性的需求。性价比、实用主义出现了更多的细分需求，比如更精致的实用主义、更唯美的实用主义、更有大牌风的实用主义等。当通勤装的品质性价比作为竞争策略已经成为行业基础标准的时候，守着这个策略不变、不调整，品牌往往会迎来市场份额的下滑。

还是那句话，需求时机是流动的，一个品牌只抓住一个时机，而不去应对时机变化，那么这个品牌的周期就会随着需求时机的消失而缩短。即便品牌利用运营把品牌渠道下移，也改变不了品牌老化的本质。

## 4. 流行周期时机

服装领域的每一个流行趋势，都可能会推动新的需求时机出现。但是流行趋势有大有小，一个品牌如果能够明显借力流行趋势，通常借的是周期比较长的大趋势。而**在趋势中借势成功的本质是，跑赢同类品牌的流行进化速度。**

由于坚持多年跟踪品牌数据，我发现了一个打破我原有认知的品牌，那是一个靠一拨流行趋势的时机，半年粉丝数量涨了近 1000 万的线上品牌。

某 M，曾经是一个知名的网红品牌。这个品牌早期赶上了互联网流量红利，加上创始人喜欢的风格属于优雅小女人路线，这个风格在南方有较宽的需求规模，所以该品牌在早期主要面对年轻消费群，主打时尚、小女人、优雅、低价。

后来，创始人开始重视和消费者互动，听取消费者建议，于是该品牌创造了一个新快反模式，用这个模式解决款式需求的不确定性。具体来说，快反模式就是每个波段款式上新，先通过微博与消费者互动，听取消费者意见，然后进行款式改进，再在天猫平台上架进行预售测试，获得款量数据，经过分析判断后把选择的款式通过高效的供应链管理快速生产，实现低库存甚至零库存。

该品牌一直保持和消费者互动的模式，让产品得到了不间断的、正确方向的优化，粉丝规模在 2019 年 6 月达到了 1100 万。

女装领域做细分风格很难做到这个规模，因为女装领域是一个无限细分的市场，一旦一个细分风格做出规模，很快就会有很多模仿改进的相似风格出现，把这个风格的市场分割成碎片。

而该品牌通过与消费者互动，把品牌风格的实用性价值进行了挖掘。比如，该品牌在板型、场合场景、面料和价格方面吸取了消费者的建议，在功能层的基础做得比较好。这就是让一个简单的审美风格变得受众更宽的本质，因此带来了更多的有基础功能性需求的消费者。

2019 年下半年，浪漫女人味的法式风进入流行趋势的萌芽期。最早是羊腿袖的设计，打破了过去一贯的中性风表达，很多快时尚品牌把有羊腿袖设计元素的款式，大面积陈列在卖场，这股流行趋势扑面而来。

由于羊腿袖的设计来自西方，欧洲设计在羊腿袖的风格表达方面比较鲜明、羊腿袖的比例偏大，很多品牌没有针对东方人体型做改进设计，所以国人能驾驭的不多。但是趋势已经铺到这里了，消费者纷纷转到线上搜索同类风格款。当时的某 M，本来就是做优雅曲线感设计风格的，有类似羊腿袖的设计元素，而且是适合国人体型的比较小褶皱的羊腿袖、比较秀气的荷叶边等元素。这种设计风格某 M 已做很久了，从设计表达这个层面来说做得比较成熟了。

在一个流行风潮的早期，一个品牌的风格刚好是这个流行趋势，同时其产品设计的成熟度超越了流行早期的水平，那么这个流行趋势的势能，将会为该品牌带来远超想象的增长活力。2019 年年底，某 M 的粉丝涨到了将近 2200 万就证明了这一点。这一拨流行趋势把某 M 变成了一个大头部，这在那时的流行品牌、细分品牌中是很少见的。

流行趋势带来的时机，在服装领域永远都不缺。

以前的流行趋势有几种来源，包括专业机构根据社会经济的发展趋势，预测人们的心理、心境对感性的需要，比如色彩趋势往往是依照这个逻辑提前预测的；当然，也有某些规模性企业主推某些趋势元素，通过规模曝光，制造流行趋势假象，带来假流行的商业操作现象；也有业内专业设计师的创意表达比较出彩，带动业内模仿形成的趋势。这些趋势的流行多是行业内部推动的，在过去消费者认知不够的时候是很有效的。

现在的流行趋势，更多来自消费者认知带来的趋势势能。很多流行趋势的源头是新消费需求推动的。比如社会背景带来的消费价值观需求、生活方式带来的新需求、购买选择范围带来的选择价值观需求、生活境遇带来的情绪需求，以及人群结构转变带来的新需求等。

洞察流行趋势、选择流行趋势，可能每个品牌都有这方面的意识，但是踩着流行趋势衍化的规律寻找时机，并抓住时机，不是每一个品牌都有这种意识且能做到的。

## 5. 升级换代需求时机

女装领域足够细分，需求时机也足够多，因为伴随着每一种细分需求的衍化，都会出现或大或小的市场时机。成功的新消费品牌，往往其创始人就代表更新换代的需求，他们感觉到了自己的需求，然后把这种感觉投射到市场上，做一个自己喜欢、有感觉的品牌。品牌主理人带来的这种需求偏好，促成了一个又一个不断推陈出新的品牌。

没错，很多新品牌的诞生，起初的驱动力并不是品牌主理人看到了某个市场需求，而是要做一个适合自己的品牌。为了自己有衣服穿去做一个品牌，在商业上是解释得通的。品牌主理人自己喜欢，对产品的设计才有消费者视角的微观体感，才能做出有温度的品牌。缺点是，假如品牌主理人的需求偏好没有代表性，品牌投入市场受众规模太小，那么很可能就会成为一个失败的商业品牌。

在对新消费品牌的跟踪分析中，不难发现有这样的现象，当一个品牌主理人的升级换代消费需求，与市场中一个较大的细分需求重叠的时候，往往会出现一个热销的新消费品牌。

FU，就是这样一个品牌。初次见到这个品牌是在 2020 年，其设计采用对称的款式结构，并在知觉层进行较多层次的设计；采用基础色，设计细节偏小可爱，整体搭配完整度较高。给人呈现的风格印象是，典雅又古灵精怪，有很强的设计感又不张扬，很多款式看起来好像很熟悉又很有惊喜感。

这种既新鲜，又熟悉，还充满小个性的设计风格，尤其适合厌倦了基础款、老套常规款，又因职场、身份需要服装具有安全性，不能有过于个性化、过于夸张设计的人。应该说，该品牌掌握了消费者关于日常和个性表达的分寸感，给予年轻消费者个性化情绪价值。这是一个受众规模足够大的需求市场。

FU 开始的数据表现就很好，持续几年跟踪下来，发现该品牌销量一直在不断增长。据业内人士透露，该品牌的投流转化率明显高于同行。

从设计基因看，FU 的设计手法是采用经典元素，在知觉层进行设计表达，实现传统与设计感的融合，从而把握住传统美学与时尚设计之间的分寸感。设计尺度中等，元素比例设计常规，但元素的位置做了非常规的调整。元素比例常规的设计看起来安全，而元素位置不常规的设计带来了新意。每件衣服的设计层次丰富，比常规通勤装明显多出 2~3 层，创意概念点数在 6~8 层，也明显多出同类品牌 1~2 层，看起来更好看。

FU 的创意源来自经典元素、常规面料、基础色彩的知觉层，FU 将这些设计元素的感知层特点融合进设计，通过对经典元素的重新解读、常规面料的创新运用以及基础色彩的巧妙搭配，创造出新颖且引人注目的设计作品。而常规的同类品牌多在视觉层设计，因此该品牌的设计风格看起来更有感觉。

FU 的搭配以常规穿搭为主，是每一个消费者都容易看懂的基础穿搭，带给消费者的选择压力较小。该品牌的价格属于中等价位，品质和性价比并重。

可以说，FU 在设计上与同类品牌相比，相当于更新换代了。该品牌为了满足消费者的需求，在基础穿搭的基础上，实现了新设计、新风格表达。该品牌采用了修身板型，并没有盲目追求宽松舒适的慵懒风的流行趋势，而是在细分需求领域做升级换代。这是一个非常典型的案例。

其实，在服装领域，不管是男装、女装，还是童装、运动装，如果仔细洞察，到处都有更新换代的需求时机。对于品牌来说，拼的就是品牌定位的精准性和设计表达的专业性。

以上案例中罗列了不同需求维度的需求变化产生的时机，以及每个时机下诞生的畅销品牌。这些畅销品牌属于利用时机做优势加法。不过，加法时机很快会成为过去，很多品牌可能会模仿，从而破坏这个市场。未来需要从乘法，甚至减法角度寻求新的需求时机。当然，未来的细分机会依然很多。

反观，如果一个品牌的研发都是抄改仿，或者第三方研发提供服务，缺乏理解消费者、洞察消费者需求的关键能力与决策经验，那他们是看不到深层的消费需求时机的。

> 消费者需求，是成就品牌的主要外部力量。洞察消费者需求，踩准消费需求时机，是每一个品牌都需要重视的功课。

## 超长生命周期的秘密

市场周期、品牌生命周期，相信很多人对它们都有比较深刻的认知。消费人群结构变化带来的价值观层面的需求结构变化，各种消费需求升级现象和消费需求降级现象同时出现，消费者需求意识形态的断层式变化，以及线上平台流量见底，让身在市场中的绝大多数品牌感受到了市场震荡。

市场周期更新换代，衍生孕育了很多新消费品牌，同时我们发现，有一些老品牌在几轮趋势波动的情况下一直业绩坚挺，受市场周期和趋势的影响很小，甚至还保持不断增长。为什么？这些老品牌做对了什么？我们要从中学习、思考哪些关键要点？

哪些品牌可以扛过市场周期？从消费者需求角度去分析，是一个非常客观的视角，也是非常准确的。这里的要点是，一个品牌的诉求、产品的价值诉求，定位在消费需求的哪一个需求层，决定了其市场周期的长短。原因主要有两点：

第一，一个品牌定义了产品价值诉求，同时也决定了竞争形态。比如，标品类的消费需求规模较大，因此市场进入者多，竞争激烈。品牌之间往往属于资源积累的竞争，大鱼吃小鱼、快鱼吃慢鱼，专业度和资源积累不够就会被挤出市场。非标品类的个性化需求，目标消费群规模小，竞争小，但是细分需求有不稳定性，品牌之间竞争的是某个细分需求的专业度，以及持续的精准迭代决策。

第二，一个品牌的消费者需求定位于哪一个需求层，决定了消费

者持续追随的时间长短。如果品牌的消费群多是短期需求，那么品牌
面对市场周期变化时，缺乏存量顾客的积累，抵抗周期变化的压力就
比较大，因此品牌的生命周期就会短很多。

## 1. 感知层定位的品牌

女装、家纺、鞋包等品类，往往从流行风格角度定位品牌。一个
风格不流行了，市场就不好做了，这类品牌的市场周期就会比较短。
还有一种情况是，一个品牌的风格定位来自品牌创始人的个人偏好。
这种个人偏好在过去和现在都为市场增添了很多优质的个性化细分品
牌。但是这种品牌也有弊端，主要如下。

一是在后续的经营中，要能够把品牌创始人的个人偏好很好地融
入趋势变化和销售需要中。有的品牌创始人由于过于追求爆款走量，
可能会丢失自己的风格诉求。有的品牌创始人由于个人的见识增长速
度超过目标消费者的认知成长速度，导致品牌调性升级过快，消费群
流失过快。

二是以创始人审美偏好为中心的品牌，在销售规模扩大后，设计
团队容易因为投其所好，过于依赖创始人的决策，产品研发设计的创
新不够，设计水准提升速度跟不上市场的需求变化，品牌竞争力逐渐
降低。

总体来看，在感知层定位，品牌的畅销周期通常不会超过 3 年，
而且通常都逃不过品牌因为细分风格、后期创新不足带来的市场份额
萎缩。如果遇上市场周期性变化，还会有较大幅度的业绩震荡。

## 2. 情绪层定位的品牌

多年前，"90后"特别喜欢有趣的设计，很多大胆、自由、有趣的设计曾经很热卖。但"有趣"是一种情绪需求，情绪需求往往是短暂的，年轻消费者随着认知成长，需求的情绪就变了。

假如在情绪层定位一个品牌，那么品牌要选择一种相对稳定的情绪诉求，才比较稳妥。如果是类似"有趣"这样的情绪，品牌的生命周期可能会较短。

## 3. 价值观 + 功能层定位的品牌

如果一个品牌的定位是某一种价值观 + 功能性优势诉求，品牌的生命周期就会比较长。由于消费者的价值观不会轻易改变，持续某一种价值偏好的周期较长，因此品牌的生命周期就会较长。

比如2007年以来畅销的女装品牌某H，其产品价值诉求早期是简约、知性、高品质通勤，现在是舒适、环保、通勤日常。品牌没有定义什么风格，而是在人文身份的价值观需求和功能性需求层面定义价值。

简约、知性、高品质是知性消费群的消费价值观，舒适、通勤是消费者的功能性刚需。品牌通过自然环保面料表达品质追求，同时用简约而稳定的高质量设计，赢得消费者的信赖与追随。

在消费价值观和功能层定位，可以让品牌的生命周期更长。况且，某H的价值观属于比较成熟、理性的类型，非常吻合高知群体（较高收入的知识型群体）的需求。而高知群体是所有细分需求中消费能力最强、消费习惯最稳定的。因此这个领域容易产生高溢价的长周期品牌，比如 FENDI（芬迪）、MaxMara（麦丝玛拉）等国际品牌就属于此类。

可见，**一个品牌跑得过周期，关键在于品牌定位的是一个不容易变的刚需范畴，或是一个需求稳定、周期长的范畴。**

也有一种情况，就是一个品牌过去 20 年持续好卖，可能是一个"福将"，每一拨周期变化给其带来的都是机遇，而不是困境。

比如女装品牌某 Y，价值诉求是以独特的设计风格赢得消费者喜欢。某 Y 通过追求与众不同的情绪需求、廓形结构设计手法（该设计手法具有独特性与体型修饰性）、比较适中的价格 + 稳定的设计质量输出、多开线下店铺（加盟、直营），铺开了市场。表面看，某 Y 的受众比较小众，但是考虑价格因素和曝光因素，其可购买的人群规模很大。

在 20 年前，这类消费需求算小众，当时该品牌有稀缺优势，因此销售很好。10 年前，这类需求随着品牌开店规模的不断扩大和内部组织运营体系的不断优化，依然可以保持比较好的品牌定位效率。这个阶段某 Y 具备规模优势，同时通过数字化优化了运营与研发的效率优势。

近几年线上线下流量竞争，无数有独特设计的细分品牌出现，某 Y 的稀缺优势好像没有了，但是规模曝光优势还在。同时，某 Y 遇到了新的市场时机——随着近几年设计师品牌频出，比较成熟的、设计质量稳定的，又有曝光优势的某 Y，依然具备一种选择性品牌优势。

近年来，某 Y 依然有很好的市场基础条件，积累了大量老顾客。在老顾客购买力和品质需求都增加的条件下，该品牌调整了优质面料占比，提升了部分款式的单价，设计风格随之做了减法，在时尚个性和实用之间找到了平衡，迎来较大幅度的增长。

市场竞争过度会产生同质化，那么同质化市场就需要有个性化设计的品牌。而在大量的个性化设计品牌中，有设计实力、设计稳定性、品牌曝光优势的小众品牌就会有更强的生命力。

可以这样理解，某 Y 早期是靠稀缺优势，后来是靠消费需求的选择对比优势，再后来是靠小众设计消费品质升级的趋势机会。这个过程中，由于国内没有更强劲的设计师品牌形成市场瓜分，给某 Y 带来了品牌创建以来 20 年的畅销。当然，如果市场上有越来越多成熟的、有质量的设计师品牌出现，并且比较稳定的话，某 Y 就会面临设计手法需要升级的挑战，这是后话了。

强调一下，对于设计小众的品牌来说，关键是设计基因的选择是对的，同时设计基因在后续经营中可以保持不断创新，还能踩准需求节奏。而这一点，是很多设计师品牌需要补足的功课，因为今天的设计师品牌要面对流量稀缺、消费者个性化需求碎片化。新建品牌不能像 20 年前那样，能快速获得需求规模，因此设计试错市场的窗口期很小。很多小品牌不具备资金实力，扛不住几次决策失误就会被迫退出市场。

> 一个品牌的市场周期有多长，与选择哪一类产品价值诉求有关，同时这类诉求的赛道是什么竞争机制，品牌是否在这种竞争机制中有绝对优势，都是比较客观的原因。

## 头部品牌的秘密

标品中容易产生头部品牌。服装领域中规模较大的品类，基本来自标品类。

标品的受众人群比较广，市场需求规模大，竞争也比较大，品牌冲到头部需要付出很多努力。在让标品品牌成为头部的众多要素中，我认为最重要的一个关键要素，就是品牌踩到了市场需求时机，同时在后来的发展中选对了目标消费群。

从消费者需求角度看，标品多为功能性的价值诉求，功能性需求是消费者的刚需，而且这种刚需是每一个消费群都需要的，也就是共性需求。

从市场角度看，标品是高度竞争的领域，品牌企业在什么竞争阶段进入市场，以什么样的策略入场，关乎品牌的发展空间。

我们以加拿大运动品牌某 LL 为例，其特色产品是瑜伽裤，850 元一条的瑜伽裤多年一直持续热销，而且这个高价格产品的销量在全网多年一直名列前茅。凭什么一条瑜伽裤卖那么贵还那么受欢迎？不是说消费降级了吗？该品牌瑜伽裤的功能品质与其他瑜伽裤差异有这么大吗？百元左右的瑜伽裤为什么卖不过 850 元的瑜伽裤？

从国内消费者需求视角看，瑜伽裤，以前是健美运动裤，多在运动场合穿着，后来消费者发现这种裤子穿着舒适，适合搭配运动鞋，于是开始在大街小巷流行，其实已经流行很多年了。

瑜伽裤近几年再次火起来，有两个原因。一是鄙视链消费，2016 年起短视频兴起，一部分消费群通过练习瑜伽，通过互联网、自媒体

"凡尔赛"展示自己的生活方式，带动了全民练瑜伽的热情，想练习瑜伽的人多了，瑜伽裤的需求自然增加了。二是新冠疫情让很多人提升了健康意识，居家锻炼身体，瑜伽裤舒服又可以外穿，成为不二之选。两种客观原因推动了瑜伽裤的消费需求，增强了这个需求时机的势能。

从市场角度看，某 LL 于 2015 年进入天猫，在 2016 年开启线下店，主要开在北京、上海等地的一线商圈。此时国内几乎没有成型的同类品牌，只有一些瑜伽馆带动的经销商在做，比较碎片化。瑜伽服在当时由于市场需求少，几乎每一个价格带都没有成规模的品牌企业。这个阶段，瑜伽裤品牌化的市场处在空白与萌芽阶段。

而某 LL 不同，它此时已经成立十几年，而且在产品打磨、品类营销和品牌推广方面已经积累了较多的经验，等于在国内形成瑜伽裤消费热潮前入场，走在消费者需求的前面，让自己的运营条件与产品提前成熟。同时，某 LL 的营销推广也很人性化，以生活方式、生活场景打造来影响消费者穿着需求的品牌推广，容易被一些小众圈层接受。

最重要的是，作为一个消费者本来不陌生的品类，在品类二次消费时机到来之前，某 LL 以高价格、高品位、高品质的姿态，做好了准备。而此时市场上其他品牌的竞争力非常弱，那么，当互联网传播带动瑜伽裤这个品类的需求势能后，人们发现线上做得最好的品牌只有某 LL，其他都是一些不知名的商家。于是，某 LL 就会最大化转化这种势能，把当时具有高消费能力的消费者最大化地吸引过来。

同时，这些消费者因为品牌消费获得的自信，带来了社交传播裂变，进一步扩大了该品牌的影响力。接着，有一大部分消费者为了身份符号、社交来购买某 LL 瑜伽裤。因为层层影响，850 元一条的瑜伽裤通过消费者的口碑建立正向循环……

某 LL 的瑜伽裤，已经不仅是瑜伽裤产品本身，还有社交功能加持，同时近两年的取悦消费"该省省，该花花"，也让消费者青睐"要买就买好点的"，进一步集中了高价格带产品的销售涌向头部品牌。

一个标品的高价格带定位，如果面对的是一个成熟的竞争市场，消费者积累会是一个缓慢的过程。而一个标品如果面对的是一个相对空白的市场，又遇到消费需求时机，那么吸收粉丝的速度就会很快，几乎可以让所有有购买力的目标消费者知道该品牌。这是市场红利和消费时机红利的叠加，后来者再难超越这种先机优势。

这里需要补充一点，作为标品，在高价格和低价格面前，品类消费不管处在上升期还是成熟期，中间价格都很难成为头部品牌。因为中间价格的存在价值，叫作选择性优势。不想买太贵的，但是又想要更好一点儿的、适合自己的，对中间价格的接受度就高。可以看出，买中间价格的理由是，中间价格的产品能满足自己差异化的需求。也就是说，中间价格的市场，提供给消费者的是个性化细分的需求满足，而细分需求的量是很难与头部需求规模抗衡的。中间价格只能争取在同等价格带成为头部，但其整体市场规模很难超越高价格带和低价格带标品的市场规模。

**标品类是竞争导向，根据进入市场的竞争阶段，选择不同的消费群，是成为头部的关键。**

比如，2015 年性价比竞争趋势开始明显，这时候跑出来的头部品牌都是在性价比方面做得比较好的品牌。比如线上某 R，做外贸、工厂起家，凭借性价比趋势推出通勤基本款，业绩暴涨；前文提到的品牌某 E 也是诞生在这个市场阶段。

现在的很多标品类开始细分化，比如运动类中出现休闲运动、时尚运动、专业运动，再后来专业运动中出现各种细分专业场景运动（滑雪、攀岩、探险、网球等），时尚运动中出现日常时尚、街潮时尚等。在每一个细分领域还会出现各种价格带的细分。把共性需求分成有差异的细分需求，如果满足某一个细分需求的标品具有稀缺性，它就会有高溢价的机会，就可能成为高溢价、高客单价的品牌。

**稀缺性是创造高溢价品牌的一个重要因素**。不过，稀缺性可以打造出来。如果你想要高溢价，你的产品就要创新足够，以打造稀缺性。当然，稀缺性市场的机会周期，也会随着竞争增加而变短。

值得重视的是，业内有模仿跟风的现象，如果你的产品是高溢价定位，但你的产品不够强，模仿者很容易就会把价格压下来。如果你是一个标品类，面临的是竞争较大的市场，进入市场选择低价，其实是一种竞争壁垒。毕竟，做低价很容易，但做低价还能赚钱不容易。模仿者如果没有供应链优势，盲目跟风低价是不可行的，因此低价会成为一种竞争壁垒。但你必须谨慎使用低价策略，避免陷入价格战的恶性循环。

不同市场时机，选择不同的消费群是一种策略。尤其是竞争过度的品类，选对市场时机和消费群是规模化的关键。

## 跨越市场周期的秘密

应对不确定性，是服装行业永恒的话题。数据测款、市场调研、畅销款补单跟进，这些都是用碎片化的决策来应对不确定性。碎片化地应对不确定性需求，是一种补救措施，在市场机会捕捉、消费者需求精准匹配方面的效率其实不高。

服装行业比较特殊，不管是研发还是零售，每一个企业都需要有足够的 SKU 数量，而且一年四季不断滚动出新款。先不说识别市场需求变化，只是一年四季的产品 SKU 能初步完成，有组织地掌控、研发一盘有目标指向的货，对于企业来讲已经是一件很不容易的事情了。

从现实角度看，服装行业想要应对市场需求的不确定性，需要把外部变化与内部研发执行机制和节奏协同起来看，找到对外对内都能打通的执行机制，才能真正有效应对不确定性。

我们知道，服装消费需求变化一般有三大类型：流行品类是情绪消费，需求变化比较快；标品类是功能消费，需求变化比较慢；细分品类是个性化消费，需求变化速度相对适中。因此，在行业中也形成了相应的应变模式。

标品类产品，品牌企业为了控制风险，会采用多批次柔性生产来保证资金周转效率；流行品类产品，品牌企业会通过门店快速流转多款少量，用款式数量代替件数数量，快速上新、调货，让每一个款尽量接触更多的消费者，进行试错模式的销售反馈；细分品类产品，品牌企业则会通过部门负责人层层筛款，来把控市场需求变化。

但是，这些应变模式在流量见底的时代已经不够用了，它们带来了很多新问题。

比如，柔性生产可以解决库存风险控制问题，但是解决不了市场竞争和消费者需求变化问题。标品企业一头控制库存，一头抓推广营销，这种粗放的模式让企业失去了很多与消费者互动而产生的品牌迭代机会。

可以说，把消费者需求迭代、需求创新，与品牌推广理念、柔性生产贯穿起来决策的企业很少。尤其是一些头部企业，组织团队庞大，在需求挖掘、需求反馈、需求创新、需求理念推广，以及供应链研发生产一条线的决策体系上是碎片化的。企业组织部门之间的决策体系没有打通，处在割裂状态。这种状态会让企业在需求变化面前非常被动，业绩大幅下滑。

再如，很多做流行风格的品牌，面对需求变化只是模糊地应对，流行什么风格就做什么风格，对每一个风格的消费者的需求特点缺乏记录、跟踪、提炼。只是因为变化而变化，这就会让流行品牌的销售周期缩短，沦为低价竞争。而不是从流行风格的变化过程中，想办法通过消费需求触点的积累，让产品更加匹配消费群需要，最大化提升单款运营效率。流行品牌的经营者往往重视经营生意，不重视经营消费者需求，过去这样做可以，现在和未来就行不通了。

再如，做个性化细分品牌的产品筛选，比较依赖关键决策人的个人经验和眼光，而个人经验和眼光难以科学客观地量化。在产品研发设计的时候，主要决策者是用自我感觉去试错市场，无法精准匹配目标消费者的需求，只是从开发不准确的产品中尽量去挑选有感觉的款式。这不仅会牺牲因产品精准设计带来的需求机会，更会浪费通过产品创新带来的需求增长机会。

细分品牌市场份额本来就不大，没有质量的细分品牌会逐渐成为没有消费吸引力的品牌，最终要么走向没落，要么变成没有个性而转做基本款的低价经营者……在批发市场、中小规模企业中，这种类型的企业很多，处于不专业、低利润或无利润状态。这都与品牌应对需求不确定性的决策模式有关。

当然，应对消费需求的不确定性，也有做得好的品牌，比如快时尚头部企业 Z。

Z，最早以快著称，快速出款、快速生产、快速配送、到店后销售不好的产品快速流转。今天的 Z 已经不仅是快了，而是既快又准。Z 是怎么做到的呢？

Z 的店铺分布在全球多个国家，我去过 Z 的日本店铺，也去过国内的上海中心商圈的店铺，以及济南、南京、苏州、武汉、成都等地的店铺。同一时间段，不同地方 Z 店铺产品的风格结构区别非常大，甚至完全不同。这种多店多面背后的铺货依据是什么？ Z 是如何做到让不同店铺做出不同反应的？

据 Z 的内部人士透露，Z 用的是区域店铺消费者需求关键词管理。Z 通过数据后台对各店铺的消费者需求的关键词分类，匹配对应的配货机制。同时，这些关键词的分类也对应了产品研发设计的风格结构。品牌表面是快时尚、做流行风格，其实是依据全球店铺的消费者需求关键词分类，有针对性地进行流行产品的选择与研发设计。品牌针对产品的风格也会有各种关键词标签，消费购买数据在后台会形成各种分类，这样就实现了不同店铺匹配不同的风格，千店千面、一店一策。

也就是，把流行的服装款式，通过风格关键词进行管理。一个店铺产生的流行风格销售数据，就是这个店铺的消费者需求关键词数据，然后通过多个波段、多个季节的反馈数据、修正数据，最终找到这个店铺不变的需求关键词是什么，以及少量变化的需求关键词是什么。

总部根据不同风格的关键词所分布的区域，慢慢找出每一个区域的需求偏好，以及颗粒度更细的消费者需求特点，在这个基础上进行产品调配，从而提升产品研发效率和产品运营效率。

这种方式还有一个优势，就是可以找到一些可以提升产品价格的机会。因为掌握了不同店铺消费者需求偏好的比例、归类，快时尚不再是低价格带，会出现中等价格，甚至高价格的产品，为品牌的利润增长提供了决策空间。

事实上，Z 的店铺已经这么干了，他们调整了某些风格服装的面料和工艺，并把价格提升了 50% 以上。相对而言，这些价格提升后的产品，由于设计完整度比较高，比起同类细分风格品牌还是便宜的，有性价比优势，毕竟 Z 有研发和供应链优势。这一点，就会让 Z 的消费群变得更宽、更有张力，Z 可以通过曝光优势、产业链优势，精准匹配消费者需求，与众多的细分风格品牌争夺细分客流。Z 的盈利能力会越来越强。

产品风格关键词管理，需要依据流行变化周期，进行周期性的关键词更新。虽然风格关键词对于消费者需求来说只是一个概括，但是已经比大多数不做此类管理的企业先进了一大步。Z 的这种模式，是真正意义上从消费者需求变化、需求运营对策、研发设计应变等方面，去应对变化的决策体系，不是碎片化的，而是系统性的。

应对消费者的需求变化及市场变化，是一个动态的过程，也是一个有底层逻辑的变化过程。企业如果想让一个品牌永远热销、永续经营，需要跨过想不到的市场波动周期，以及无数的消费者需求动荡。如果企业采用的是碎片化的应对机制，肯定是做不到稳定地跨越周期的。企业必须建立一个应对需求变化的决策体系，才可以实现这一点。

即便是今天正畅销的新品牌，也迫切需要解决这个问题，否则很难持续。

综上所述，流行品类、标品类、细分品类，面对需求不确定性的应变模式差异很大。不管做哪一个品类，你都要找到一个适合的应变模式，组织内部形成系统的决策体系，才能让品牌跨越市场周期。

# 细分品牌如何持续畅销

细分领域的品牌，通常会因为定义某一个风格调性而被消费者喜欢。

对于消费者而言，之所以喜欢某一个细分品牌的风格调性，可能是一时的情绪，也可能是比较适合自身条件。但是，大多数的消费者选择的风格不是一成不变的，每个人都有多种可能，会驾驭多种风格。况且，消费者的认知会变，消费情绪会变，心境会变，社会身份也会慢慢改变。那些多年如一日购买某种风格衣服的人，多是较成熟、需求结构（需求场景）缩减的人。

一个细分品牌，在市场环境好的情况下，即便做得很好，每年消费者也往往会有 35% 左右的自然流失率。做得不好的品牌，流失率会更高，因此细分品牌需要不断拉新来保证消费者存量。

比起标品类、流行品类，细分品类的需求稳定性更低。细分品类的市场份额小，消费者小众，面对不大的消费需求规模，赌对了，会增长，如果风格设计把控不好，赶上时机不对，就可能连生存都是问题。

细分品牌的盈利，一是非常依赖细分定位的精准性，二是进入市场后非常依赖设计创意质量。比如，同一个风格的细分品牌，季节波段产品的风格设计创意表达好，就会好卖，设计创意做得不好，业绩下滑就明显。因此，细分品牌应对需求不确定性，细分风格的定位和风格基因的设计管理同样重要。

应对消费者需求变化，细分品牌与流行品牌、标品品牌有本质的不同。流行品牌和标品品牌本质上都是扩展消费群，而细分品牌是精准定位消费群。细分品牌需要用不断变化的创意设计，来应对消费者不断变化的需求。这非常考验一个品牌的商业设计战略眼光和精准设计研发能力。

## 老化的细分品牌还有救吗

以女装为例，以前一个品牌创建 10 年，会老化；后来一个品牌创建 5 年，会明显过时；再后来，一个品牌创建 3 年，就会迎来大比例消费群下移；今天，一个细分品牌能够持续的畅销时间，可能只有一年、半年，甚至是一个波段。

为什么？

40 多年前，"50 后""60 后"是主流细分消费群。细分消费主要是功能层的需求，比如体型、职业、身份的塑造，功能需求稳定，认知稳定，消费习惯也稳定。所以一个品牌的风格定位，覆盖目标消费者 10 年的购买频率完全没问题。

2000 年后，"70 后""80 后"是主流细分消费群。此时流行风格逐渐兴起，消费者消费的是流行风格与消费者形象风格叠加的细分品牌。这个阶段，因为流行风格的市场竞争处在初期阶段，一个风格的流行周期会比较长。比如表达不对称廓形结构的设计风格、主打生意人消费群的社交穿搭风格、可爱的淑女风格、干练的中性风格等多个风格，就是在这个阶段比较有代表性的。寻找社会身份感，以及适合自己体貌特征的风格，本质上是一种功能性刚需，只不过同时结合了流行风格。

2010 年后，互联网品牌出现，消费者选择开始变多，伴随着流量红利、性价比竞争，女装市场的细分风格越来越丰富，韩系、日系、欧美风、大牌同款等。后来，随着小红书穿搭分享、时尚博主审美教育等，消费者的审美见识、认知快速提升。这个阶段，消费者消费的中心思想是好看、有颜值，同样的风格，谁家做得更好看买谁家的，谁家做得好看又有性价比买谁家的。此时，鉴于市场上有质量的本土化细分品牌还有很大缺口，一个有风格调性的品牌热销 2~3 年还是比较容易做到的。

本质上看，消费者在这个阶段选择细分品牌是多元化、个性化消费逐渐成形的过程，实际上每一类细分消费群都在做适合自己的比较性选择，同时市场上总有新的时尚话题，优化迭代的新品类会出现，需求状态相对比较有活力。这是一个市场供给丰富、透明，同时消费需求不断获得新满足的阶段。

2020 年新冠疫情出现，给消费需求带来了拐点。不管是有活力的

"90后"消费者，还是有购买力的"80后""70后"消费者，对服装的需求价值观都产生了微妙的变化。消费者从追求形式化的消费，比如追求美学、造型，追求奢侈品牌或知名品牌，逐渐往舒适感、减压、治愈、实用、取悦等追求内心、尊重体验、表达情绪的消费价值观转移。而此时，市场上的细分品牌多停留在过去的形式化风格表达，还没有反应过来如何从情绪角度切入做产品，因此有很多新品牌刚推出不久就开始下滑了。只有那些本身带有情绪属性的品牌，销量一直不错，不但没下滑反而增长了。

这个阶段是消费需求欲望还在，但是需求价值转移、需求购买行为变化的阶段。

连续几年跟踪线上头部、腰部品牌，加上做咨询项目进行的消费者需求洞察和调研，我发现从2022年开始，每半年就会产生截然不同的市场形态和需求形态。可以说，品牌每半年就要做一次深层次的市场调研和战略决策。消费需求变化导致市场的竞争模式复杂而混乱，一个品牌的战略决策有效期变得很短。

现在，女装领域是情绪消费的市场阶段。（女装的竞争阶段，对于其他品类很有借鉴意义，你可以看看你的品类目前处在哪一个市场竞争阶段。）在品牌多如牛毛的市场中，一个品牌，尤其是细分品牌，如果不了解市场竞争阶段和消费需求阶段，不善于洞察新的需求时机，销售业绩很容易下滑。

那么问题来了，**一个细分品牌，如果过了热销期，面对销售业绩下滑的压力，还能起死回生，再次畅销吗？**

答案是肯定的，当然可以做到再次畅销。

但是，这要从消费需求角度进行分析，然后找到品牌风格设计创意的落脚点。一个细分品牌要做需求定位的调整都是有包袱的，需要顾及过去的消费者积累，在原来的有效顾客需求基础上，思考如何调整产品，既不影响老顾客购买，同时又能吸收新顾客。这需要一个理性的分析过程。

大部分细分品牌对已有的消费者定位比较熟悉，但是很难做到客观分析市场上其他细分消费群，找到与自己品牌基因有关联的消费群，并做出精准的产品风格转型升级。很多品牌转型失败，被迫待在原地慢慢变老，就说明这不是一件简单的事情。

前面讲过，消费者需求有五层，功能层、感知层、情绪层、人文价值层、选择价值层，这里的重点是，我们要找到目标消费者到底在哪一层产生了需求变化。

对于服装来说，消费者产生需求变化，背后主要有三个推动要素。

## 1. 消费者认知变化

一个消费者，随着年龄增长，对服装需求的认知是不断变化的。我们对日用品、功能导向的其他标品，以及不需要穿在身上的商品，很长一段时间内，购买时的选择标准是固定的。但是服装不同，服装和人的角色、心境、喜好、社会身份、心理需求等是一体的。消费者对服装的偏好变化，往往是其心理和社会角色的变化导致的。因此消费者的自我认知和服装消费认知密切相关。

比如，20~25岁，处在大学期间或刚刚毕业，开始要学会独立面对社会，对于服装消费而言，这是一个试错消费的过程。这个阶段通过打造与众不同的造型，来向社会表达自己；通过不断体验不同的风格来获得长大成人后的决策自由的满足感；通过模仿、学习不同人的选择来找到自己的选择；甚至通过提前消费成功人士用过的品牌商品，来向社会刷存在感；等等。大家在这个年龄段，都会有各种消费体验的冲动，因为一切是全新的。

25~30 岁，体验过一些多样化服装消费后，开始学会寻找自己适合的，学会做减法。虽然经常被一些新鲜观念吸引，但是慢慢学会了如何选择、如何准确表达自己的想法。

30~40 岁，找到了自己适合什么，同时对品质的追求越来越高了。这个阶段的需求是在满足自己刚需的基础上，最大化寻找有新意的设计。

40~50 岁，随着年龄、气质的变化，对品质感越发挑剔。除了日常刚需要讲究品质、品位之外，最大的需求动机莫过于想抓住"青春"的尾巴，尝试购买一些年轻人专属的时尚风格来取悦自己。

每一个人随着年龄变化，在服装消费理念上都会有相似的需求变化逻辑。

再如，随着对商品专业知识的增长，消费者从不会选择，到变得会选择、会分辨。比如从崇拜一个品牌到分析一个品牌，从买贵一件衣服到对面料成分如数家珍，从盲目听从推销到完全自主选择，等等。消费者一年可能会多次买衣服，随着购买经验的提升，选择品牌、选择衣服的经验标准自然是不断刷新的。

如果一个品牌对消费者的选择价值观不了解，品牌追寻的价值诉求一直待在原地，那么原有消费者就会流失，品牌吸引的可就是下移的消费群。品牌如果此时只是依据下移消费群贡献的数据，从中发现一些需求共性（如基础畅销款），并继续推出延续商品，那么已经购买过的消费者便不会再购买，消费群只能进一步下移。如此往复，一个品牌会逐渐老化，产品只能越做越便宜，最终失去竞争力。

**品牌的产品诉求如果不变，消费群会下移、再下移；品牌的产品诉求如果跟上消费者的认知变化，消费者才可能留住。只有品牌的产品诉求变化走在消费者的认知变化前面，品牌才能迎来增长。**

也就是说，面对消费者的认知变化，品牌必须从入场开始，就不断地走在消费者前面，这样才能吸引新客群，并让老客群也追随。你可能觉得，这很难。其实做到这一点，并没有你想的那么难。

举例，以前消费者在某一个需求点上可能因为不懂选择，让很多品牌获了利。现在，消费者认知提升，会选择了，品牌做得不专业就吸引不了消费者。那么，品牌就要从消费者会选择的需求点上打造优势产品，这就是一种跑赢消费者认知的方式。很多品牌某个品类的下滑，往往就是被竞争对手的品类优势抢走了消费者。当发现品牌中的某些劣势产品难以维系竞争的时候，要么勇于放弃，只做优势品类，要么重新定义产品诉求，升级产品优势。

消费者变化不可怕，忽略消费者的变化，故步自封才可怕。

## 2. 外界影响，如趋势、话题、价值观事件

服装消费的外界影响，比如明星穿搭话题、社会事件带来的价值观变化，以及大众流行趋势等，都可能会使人的消费价值观改变。消费者因为看到明星话题，被穿搭热潮影响，可能会尝试购买。另外，社会事件如救灾捐款事件，会让消费者在道德层面对某个企业产生好恶，比如鸿星尔克捐款带动的消费就是这类。

在服装消费领域，外在影响比较大的还是流行。不过，以前的流行，落脚点是流行色、流行风格；现在的流行，落脚点是流行价值观、流行情绪。尽管我们也看到很多流行设计趋势，但是这些流行设计趋势越来越碎片化，对市场没有大范围的影响。不过像慵懒舒适、实用主义、松弛减压等，类似这种能推动消费的流行情绪、流行价值观的影响面就很宽，几乎覆盖了大多数消费群。

有些细分品牌，原本可能是为某个细分消费群推出一个针对性的解决方案。当流行情绪、流行价值观能够影响这个解决方案的价值时，事实上，品牌是可以结合流行情绪，进行风格设计基因的升级换代的。这里的关键是，品牌是否有设计解构、设计融合方面的专业能力，可以把流行情绪融入产品原有调性中。这其实就是产品基因中的设计基因如何规划的问题。

一个品牌，如果想保留原有调性，还要跟上消费者的需求变化，那么就需要在风格设计基因这一层进行分拆、重塑。

比如，某棉麻风格品牌，在慵懒风开始流行的时候，保持了原来棉麻面料的肌理和舒适性能，调整了款式，将廓形宽松感和流行色进行结合，让原来比较老气的棉麻风格变得时髦起来。这种设计层次的增加，为曾经的棉麻设计加分，老顾客乐于看到，也容易吸引新顾客。应该说，该品牌的设计转型跑赢了竞争对手，抢到了一拨流量。

就连快要被遗忘的传统手工面料香云纱，很多品牌也借助慵懒风这个流行情绪，将其设计出现代宽松穿搭风格，即使价格较高，也挡不住众多消费者购买。

流行趋势，有大趋势和小趋势，大趋势是很容易重塑一个细分品牌的。需要注意的是，很多品牌不善于分析流行趋势怎么选、怎么运用，不擅长消化、理解流行趋势在品牌的产品调性中的具体表现和商业效果把控，盲目跟风趋势，影响了消费群的经营效率，拉高了品牌流量成本和市场风险。

## 3. 身份、生活方式改变

消费者的身份、生活方式改变，可能会直接导致需求动机改变，因为身份表达，场景需求下品类、品牌的转换，这一点是刚性的。通常，品牌不能因为消费者需求的改变，而改变自身的定位。不过往往这个时候，市场会出现一些新的品类机会。

比如户外生活方式的兴起，带动了户外品牌的热销，同时户外功能的兴起与某个人群的需求重叠，又带来了新的品类机会。如儿童的户外需求属性和专业户外需求有功能性重叠，因此户外风不仅推动了童装运动时尚化，还促进了童装细分化的品牌衍化，使得童装品牌能够根据不同的户外活动和季节变化，提供更加专业和多样化的产品选择。

消费者新的生活方式带来的品类机会，可能会覆盖很多相关人群的相关品类需求。所以对于成熟的品牌来说，某一种新生活方式出现的时候，就是调整品牌品类结构的最佳时机。品牌可能会因为新增加的品类带来盈利，从而带动品牌华丽转身。当然，这里要注意竞争形态，谨慎选择是否进入新生活方式品类的竞争赛道。

# 为什么不少新设计师品牌的生命周期短

服装行业，最近三年出现很多优秀的新品牌，这些新品牌比老品牌更能把握当下消费者的需求特点，款式设计更好看，整体设计完整度更高，更懂年轻人的审美风格。当然，这种现象每一个时代都有。

但有一点值得重视，其实和老品牌相比，这些新品牌的平均生命周期更短。这里有大环境的影响，但核心因素还是新品牌面对需求不确定性，在决策体系上缺乏应变性。根据连续几年线上头部、腰部品牌的数据，我发现最近几年昙花一现、增长停滞、快速衰落的线上品牌非常多，而且新上榜的黑马品牌的销售规模越来越小，榜单上排名靠前的品牌的真实销量锐减比较厉害，甚至有些产品设计很优秀的品牌也因销量下滑消失了，非常可惜。

为什么年轻人喜欢的这些新品牌，生命周期这么短？主要有三个客观原因。

## 1. 消费者选择

大部分新品牌的目标消费群是年轻消费群，而年轻消费群的消费动机是体验没有体验过的，消费频率高，但是需求偏好的稳定性差。他们选择一个风格，购买一件衣服，可能很快就不喜欢这个风格了。

同时，目前的年轻消费群是"00后"为主，"00后"的消费是更理性、高认知的，表现出不稳定的消费偏好和谨慎消费的特点。面对这种消费习性，新品牌可能会因为推广带来一拨销售高峰，如果后期的投流预算不多，往往很快就会归于平淡。尤其是比较个性化的细分品牌，转化率不高，投流需要精准性和足够的预算。

## 2. 设计师情怀

大多数新品牌，尤其是设计师品牌的定位，在创立之初，更多的是满足品牌主理人自己的创业梦。或者说，产品风格的表达，以品牌主理人的理念、情绪表达为中心，而不仅仅基于消费者需求考量。

我见过设计水准很优秀的设计师，他们看到大街上那么多的消费者穿搭不够好看，立志做可以让很多消费者穿上变好看的品牌，壮志凌云。这种要改变消费者形象的创业情怀，可能最终会让他们选择做高级定制，因为高级定制可能会实现消费者立刻改变形象的愿望。显然，如果是做品牌，商业目标方向的设定就错了。

另外，还有一些过于理想化的品牌设计表达，在消费者眼里，可能款式设计很好看，但是和他们自身穿着没有关系。这些优秀的设计看起来曲高和寡，非常可惜。很多成功的设计师，是在经过市场摔打后，通过设计创新来解决消费者的需求问题，创造了成功的品牌。用设计创意来解决消费者的需求问题，而不是改变消费者的需求，这是商业品牌存在的价值。

而以商业价值为目标的商业设计思维，需要设计师通过实践领悟，这给创业者带来了巨大的成本。当然，这也是我写本书的期望，希望愿意做创新设计的设计师品牌创业者，可以看到这本书，可以从消费需求的分层理解中，理性分析品牌定位和品牌策略的落脚点。

### 3. 试错风险成本高

新品牌从零开始，进入市场后，如果销售没起来，新品牌很难再次投入，承担的决策成本更高。另外，新品牌一入场就要解决多种问题，比如需求不稳定性、竞争大、推广运营成本高、基础流量低、品牌知名度小等，难度是非常大的。只有品牌畅销，才能覆盖运营、内部管理的成本，为品牌逐渐完善提供窗口期。

以上三个是客观原因，在今天，新品牌的商业设计的难度更大。比如品牌在市场的早期、上升期、成熟期没有清晰的消费群策略，品牌的风格调性本身的需求属性较窄等。有一些流行风格、设计搭配很完整的品牌，在面对流行变化和风格变化时，丢不掉设计完整度的包袱，每个波段的产品开发太像，对消费者来说惊喜度不够，导致老顾客流失很快。

新品牌主理人，往往能够抓住某一种设计感觉，把产品做出来。但是，品牌产品的消费需求基因是什么，产品基因是什么，尤其是设计基因是什么，往往没有提炼量化出来。

品牌上市之初，如果缺少消费者视角的需求规模、需求稳定性、需求吸引力方面的客观评估，市场反馈一般，做调整时又缺乏理性的、量化的消费需求和市场形态分析，可能就会导致品牌入不敷出。

这时正确的做法是，与消费者互动，了解品牌的风格调性在人文价值层的接受度、产品风格设计尺度的接受度，以及多个功能层需求的反馈，并调整和优化产品的设计基因。通过一两季的设计基因优化，完善品牌的消费需求基因，逐渐建立消费者心目中的品牌价值。在第三季、第四季的产品开发中，逐渐完善品牌客群结构策略下的产品结构。如果此时遇到销售波动，也要从消费需求基因与产品设计基因角度，提升产品匹配度，提炼产品优势。

**将产品的感性化需求转变成理性的决策，再转变成感性的设计，需要品牌创始人具有强大的综合能力。**

对于小规模的初创品牌来讲，这种综合能力尤其重要。（实际上，部门健全的规模企业，很多也不具备这种能力。）

然而，这种商业设计决策能力，往往会被初创品牌忽视。因为从 0 到 1，初创品牌需要攻克的难题非常多，供应链生产质量与进度管控、运营推广、产品视觉表达等琐事都需要解决，而影响盈利的核心决策部分——商业设计决策，反而被忽视或搁置了。缺少甚至缺失商业设计的品牌，是走不远的。

定位细分市场的品牌，新品牌和老品牌一样，都需要学会理性分析消费需求，通过对需求的分层洞察和决策，来应对需求变化、销售变化、市场变化，靠专业实力跨越每一个市场周期。这是一种应对当下和未来的新核心能力。

## 消费者长大了，品牌怎么守住定位

细分品牌，有很多形式的细分。

过去，针对某一个年龄段的需求特点和需求价值观，定义一个细分品牌是比较常见的定位方式。比如，你问一个品牌是怎么定位的，他会告诉你"我们是对某个年龄、某个价格带、某个风格定位"。后来，很多品牌发现自己定义的消费者年龄段和真实购买的人群差异很大，他们会说"我们的定位是某个年龄层的消费者，实际购买的消费者年龄层很宽"。这两种说法，其实都比较概括。

再后来，很多品牌面临目标消费者年龄变化带来的消费群结构转换、客群萎缩，才意识到品牌在年龄层定位中被动跟随目标消费者慢慢变老，并不是一个科学的定位方式。

消费者的年龄是一个客观因素，但是品牌需要跨越年龄层因素，去定义品牌的价值。

以日本某少女品牌为例，该品牌的标语是"永远的17岁"。其实该品牌定位的不是17岁这个年龄的刚需，而是17岁这个年龄的文化层需求，这和上述品牌定位年龄的维度是不同的。该品牌每年产品开发的创意源都来自动漫。动漫作为文化影响，吸引着一代又一代的少年消费群，给该品牌带来源源不断的新消费群。动漫造型元素为品牌定位"永远的17岁"提供了稳定的风格创意源。品牌不仅可以做到数十年坚持一个价值诉求，而且由于品牌价值观的稳定性，最大化促进了即将成熟老去的消费者情怀式复购。

这不是定义年龄层面的功能需求属性，而是定义年龄层面的文化价值诉求的典型案例。该品牌已经持续热销30年了，没有因为消费者长大而失去他们，也没有因为消费者长大而失去自己的价值诉求。

品牌面对消费者的年龄增长，要知道自己需要坚持的，是在消费者需求的哪一层。如果品牌定位在某个年龄段的消费需求的功能层（体型需要、身份需要、场景需要），那么消费者长大了就会改变需求属性，品牌很难跟着消费者一起迁移产品的功能需求。所以，如果想做一个长久的品牌，就要尽量避免在功能层定义消费者年龄。而从价值观追求、情绪层面去定义品牌的价值诉求，品牌跨越消费者年龄消费周期就比较容易。

当然，也有从年龄、价值观追求层面定义品牌，最后还是让品牌老化的案例。比如国内某休闲品牌 B，早年做少年休闲，标语是"不走寻常路"。该品牌实际的产品定位其实和品牌标语是不匹配的。严格讲，这句标语是该品牌创始人的做事价值观，而不是该品牌消费者的需求价值观。因为品牌以少年休闲为主，这个品类的消费者诉求本质上是标品属性，属于偏功能性的日常刚需。

标品属性的产品，竞争模式是拼供应链、拼曝光率、拼性价比，或者拼科技面料等功能性。但在当时，该品牌所处的市场竞争阶段属于早期。我曾经说过，一个品类在竞争早期提前品牌化可以收割大部分大众需求（如 LL 案例）。早期的市场红利，让该品牌看不清楚少年休闲这个品类在市场中的位置，以及消费需求属性角度的正确诉求是什么。后来，市场竞争逐渐激烈，多个休闲品牌巨头争夺这个刚需市场，同质化竞争把少年休闲的标品属性体现出来了。该品牌面对标品刚需竞争，选择了走时尚休闲路线，另辟蹊径，结果收效甚微。

为什么？时尚休闲算是休闲的一个细分衍化，该品牌其实是进入了细分需求领域，但是在这个细分领域，该品牌的时尚休闲不够时尚，不是鲜明的解决方案，也算不上潮流品牌。那么，该品牌是满足细分需求还是大众需求？也不清楚。总之，该品牌的价值诉求是不清晰的。

同时，线上拼刚需功能诉求的低价休闲竞争泛滥，该品牌在没有强调某一种休闲专业性、功能性需求的情况下，和多如牛毛的其他休闲相比，变成了最没有性价比的那一个。之后，品牌客群一再下移。

有着知名度、曝光优势的品牌B，这时只能去抢占低价市场。而且，由于有"不走寻常路"的包袱，经常有价格虚高的产品，品牌的低价销量也很不稳定。

这是一个没有搞清楚品类消费者的需求属性，以品牌创始人个人做事精神去定义品牌价值诉求，造成错位的案例。

有人说，这个品牌的目标消费者都长大了，现在的少年消费者要么穿校服，要么有个性，该品牌的产品过时了，所以品牌过气了。而我认为，该品牌没有从消费者需求角度想过品牌应该怎么定义价值诉求，在怎么迭代、怎么升级方面没有品牌基因决策体系的科学指引。品牌曾经的标语，本身不是指具体的产品需求价值，只是一句抓眼球的广告语（模仿运动品牌）。品牌不太擅长分析在一个品类的不同竞争阶段，应该推出什么竞争策略。

消费者长大了没关系，关键是品牌的价值诉求禁得住岁月推敲，品牌不会因为消费群年龄大了、消费群结构变化了，而丢掉品牌价值观。

近几年有很多老化品牌尝试年轻化，几乎都失败了，其本质是品牌的价值诉求不清晰，盲目将品牌设计年轻化，但这并不是消费者需要的买点。老顾客需要的是自己能穿的年轻感，新顾客需要的是品牌展现的新鲜感，以及保持老品牌的界限感。一个品牌把自己变得老顾客不认识、新顾客看不懂，怎么可能会好卖呢？

品牌在进化过程中，可以逐渐修正价值诉求。价值诉求是产品体验带给消费者的深层认知，不是款式、风格、板型、面料、色彩这些显性元素。

**面对款式设计的分寸感、款式体验后的自我感知、购买产品后的品牌依赖感等，品牌需要在消费需求的感知层或者价值观层，思考如何**

**达到对消费者认知的觉察，而不是用表面的设计来应对品牌转型升级。**

品牌的迭代升级，需要深层思考，并通过产品设计落地。缺乏深层思考的设计风格转型是冒险的、低效的。

## 消费者价值观变了，对品牌来说是灾难吗

消费者的需求价值观转变，会给行业带来一个大周期的时间界限感。

服装消费，当前面临的消费者需求价值观变化，有以下几个明显的现象。

### 1. 缩减消费

受经济下行的大环境影响，消费者的消费更加克制。所有消费中，服装消费是第一个被缩减的品类，因为大家都不缺衣服，选择新款不再是刚需。

缩减消费，首先影响的是功能性刚需品类做得不好的商家，消费者把钱节省下来但刚需依然存在，消费者会选择性价比更高的品牌，以质换量，以减少购买频率。

其次影响的是既没有实用性，又没有"长"在消费者的新情绪需求上的产品。比如用过去的设计手法表达时尚的一些时装品牌，老顾客的需求正在减少，原设计又不匹配新顾客的需求。

缩减消费，会加快服装传统品牌的更新换代。

这里补充说明一点，缩减消费对时装细分市场的影响，和对基础款标品的市场影响是不同的。

## 2. 享受消费

享受性需求动机成为主流。压力与焦虑，让消费者转而追求内心真实的自我，取悦自己、爱自己的享受性需求动机带来的情绪消费占比增加。

享受性动机，多是感性的、不稳定的，所以满足享受性动机的消费是不确定的市场机会。如果想要抓住不确定的需求动机，品牌只靠运气肯定是不行的。品牌需要从不同感性需求层面寻找与某种理性刚需的结合，或者找一些需求规模大的情绪来定义产品诉求，才能让产品畅销周期延长。

享受性需求，会催生非常多的新品牌、新设计，消费群需求结构迎来新的多元化，展现出多样化市场形态。面对多样化市场，细分品牌的生命周期是有压力的，能够长期存活的细分品牌需要更高的商业设计水准。这一点会推动行业的产销分离——品牌产品研发和品牌产品销售由不同的组织执行，能够自己研发、自己运营的品牌是很不容易的。乐观看，这也意味着有很多专业竞争机会。

## 3. 清醒消费

清醒消费，不被"营销教主"收割。过去的消费市场，很多规模品牌，甚至中小品牌，比较喜欢站在一个制高点去教育消费者。比如欧莱雅说"你值得拥有"，特仑苏说"不是所有牛奶都叫特仑苏"，这些都是在标榜自己多么好，而不是消费者为什么需要。服装领域更是如此，很多奢侈品牌把产品的加价率提高几十倍，然后兜售一个理念，利用鄙视链消费心理收割低认知的大众消费者。同时，奢侈品牌营销的成功，引来众多中小企业采用各种花样营销俘获消费者心智，以贩卖高溢价商品。

另外，供大于求的竞争，推动有供应链优势的企业进入市场，本土低价、高品质产品供给替代，逐渐影响消费者的选择。同时，互联网让各种信息更加透明，消费者的认知、意识都提升了，越来越多的消费者慢慢意识到消费产品的本质是自己需要，而不是迎合品牌的营销诉求。

清醒消费反映到市场上，主要有三点。

一是不管哪一个价格带的产品，都是卖给那些真的有消费需求的顾客，品牌的客群诉求更固定，而不是想着能卖给所有人。如果品牌的产品需求属性做得不够准确，或者产品的质量、品质不够有优势的话，吸引不了更大的消费群规模，会推动市场无限细分衍化。

二是不管品牌营销还是品牌价值诉求，贩卖空洞的理念不再受消费者欢迎，只有真诚才可以换来消费者的信任。

三是不同品类、不同风格的市场诉求与竞争，会变得越来越有秩序。

总的来说，清醒消费、理性选择，会把不合理的品牌挤出市场，推动行业越来越健康。

时下年轻消费群中流行的一种消费观念是该省省，该花花。

该省省，指消费者对经常购买的商品，价格敏感度更高。凡是主打功能性刚需的商品，越来越注重性价比。比如童装、大部分男装品类都是刚需范畴，性价比竞争会非常激烈。

该花花，指消费者对偶尔的情绪需要、稀缺性商品，消费起来不怎么看价格。注重享受性动机，喜欢，或者觉得有意义，花钱多一点也可以接受。这里的该花花，不是冲动消费，而是消费理念更成熟了，取悦自己本身也是生活的意义。品牌做到让消费者该花花，尤其考验其洞察消费者的能力。

## 4. 道德消费

随着消费认知的成熟，互联网带来了广场效应。一些积极、正面的信息带来点赞、转发，正能量成为社交密码。很多博主通过传播正能量信息获得流量从而实现盈利，这推动了一些具有社会正能量的大众情绪普及。

消费者因信任某一个人的社会责任感，而转移购买偏好，这是典型的道德消费。比如 2024 年娃哈哈创始人宗庆后离世带来的影响力等，通过互联网"自来水"扩散，推动了新一轮消费主义热潮。

再如，消费者对环保和可持续性的关注。一些消费者开始关注环保和可持续性问题，对传统的大牌服装品牌在生产过程中的环境影响感到担忧。因此，他们选择购买小众品牌和独立设计师的作品，因为这些品牌通常采用更为环保和可持续性的生产方式。加上国家碳达峰、碳中和的政策推动，越来越多主张环保的企业发声，推动了环保消费需求趋势的形成。

## 5. 专业消费

如今，消费者对品牌的认知更加理性和成熟。越来越多的消费者开始意识到品牌并不代表一切，产品的品质、设计和价值更为重要。因此，消费者开始关注小众品牌和独立设计师的作品，这些品牌往往更加注重产品的个性和独特性，能够满足消费者追求独特和个性化的需求。于是，市场的细分越来越多元。

专业消费，体现在品质的专业性、设计的专业性两个方面。对于品牌企业来说，都是需要增加某方面投入才能获得的。而在市场不确定、方向不清的情况下，盲目投入某些专业性产品研发，显然是不合适的。因此在今天，看清市场趋势、理解消费人群、掌握市场和消费的需求衍化规律，对于大多数企业来讲非常重要。

专业消费是一种消费选择价值观，也可以说是未来的一种消费刚需。对于服装行业来讲，提高专业性就是不断地提升自己的产品研发标准级别，至少所处级别能跑赢竞争对手。互联网信息越透明，消费者对专业性的认知成长越快。

**消费者价值观的转变，对于无法改变定位的品牌企业，或者躺平、不想改变的品牌企业来说是灾难。不过，从另一方面来说，消费者价值观的转变也是新的机会，很多品牌企业可以通过转型、升级迭代、改变品牌战略来符合新的消费需求。**

新的消费需求，是消费者意识升级的结果，品牌企业只有在懂得消费者、懂得竞争规律的前提下，才能更精准地发现市场时机。

# 从经营生意到经营消费需求

不管线上还是线下，我们需要形成一个概念：不是经营生意，而是经营消费需求。

如果你只把顾客当作流量、一堆数字，把经营品牌当作一门生意，你大概率会失去顾客。

如果经营消费需求，你就会去感知顾客，了解和洞察他们的需求，提供服务以满足他们的需求，那么你赢得顾客的同时赢得了生意。

零售端是经营消费需求的主体，是传递品牌价值诉求的主体。

准确来讲，零售端可以通过产品需求属性与产品结构的调整，塑造、调整、升级、扩充消费结构，形成某一个消费群的需求认知，为品牌基于需求的消费价值传递提供购买交易的载体。

零售端不仅是销售场景，还是实施品牌消费群策略的载体，通过经营消费吸引力、促进复购、增强依赖感等策略，吸引并维持品牌消费者。品牌如果是直营，那么可以通过与消费者互动，获取改良和升级品牌消费诉求的方式，这可以在终端店铺实现。

一个品牌的商业价值，可以通过品牌的消费群及规模、消费者影响力来评估，而实现这些商业价值，是通过终端店铺来完成的。所以，我们可以从终端店铺视角，解读一个品牌应该采用怎样的消费群策略，来实现品牌的盈利。

# 多维吸引力法则：品牌不想躺平，怎么增长

一个品牌实现增长，有很多方式。品类扩充、价格下降、多开店铺，或者抬高单价，都有可能获得增长。当然，这些措施都需要品牌企业增加投入成本，只是在今天，这样做可能不一定会带来健康的增长。因为产品如果没有创造新需求，这些措施只能是阶段性策略，很难获得持续效果。

品牌要想以最少投入获得最大回报，最好的方式就是创新。

对于消费者来说，有一个吸引力法则。而吸引力，包含多个层次。

## 1. 视觉设计

通过视觉效果吸引消费者关注、浏览，属于营销范畴，影响的是流量增长。

不同品牌在视觉层的吸引力上，各有千秋。视觉营销策略本身就藏着品牌的消费群策略，变化也比较多。

比如日常的普通低单价产品呈现高级的视觉表达，要的就是高维打低维的落差感，吸引消费者购买的同时，降低消费者购买时的决策压力，提升了转化率，内衣等标品就非常适合这类策略。

再如拍摄放大产品的细节，无死角表现产品的质感，就是要吸引那些重视品质但是对款式要求没那么高的消费者，重点也是降低消费者在品质细节方面的选择压力，基础款针织品类就非常适合这类策略。

对于实体店来说，视觉传达主要通过橱窗和陈列。通过橱窗的结构、色彩搭配等手法，创造独特的氛围场景或者艺术美学，来吸引消费者驻足。然后通过店内的产品陈列、动线布局，以及不同品类产品的陈列方式，来引导消费者感受并了解产品。

在视觉营销角度，其实有很多的视觉规律可以运用，但是大部分从事产品拍摄或者产品陈列的人员，并没有太多机会与产品研发设计人员进行沟通，如何通过视觉去表达产品，全凭他们的个人理解，因而可能会出现视觉、陈列不能准确表达研发设计人员要传达给消费者的点。当然，服装行业的从业者专业水平参差不齐，视觉、陈列效果差异非常大。

消费者关注某一个商品，与商品本身的视觉呈现形式密切相关。举个例子，如果你的产品面料质感好，通过相近色彩、相近色调来展示视觉形象或陈列效果，消费者更容易去关注面料质地；如果你的产品卖点是板型、工艺，那么放大细节，或增加展示制作工艺的过程说明，更容易让消费者相信你的工艺比同类更好。

视觉营销除了要掌握消费者的视觉焦点规律之外，更重要的莫过于针对目标消费者进行精准表达。尤其在产品设计理念、使用场景、表达情绪等方面，**通过图片、视频、文案，或者橱窗来讲故事，那么**

**一定是要讲目标消费者看得懂、想看到的故事**。有些品牌想用视觉营销吸引大众流量，但视觉设计的目标受众不清晰，导致新顾客、老顾客没有感觉，投入被白白浪费。这样的案例非常多。

视觉营销是一个非常专业的领域，需要精准的表达方向和较高的表达水准。

## 2. 产品美学设计

当然，通过视觉设计吸引消费者，这种吸引力是比较浅层的，打动消费者购买还需要进行品牌价值塑造，获得消费者的信任。

把产品设计得巧妙唯美，可以增加消费者的好感度，吸引消费者，使其爱不释手。

在产品研发设计方面吸引消费者是一个重要的策略。太多人意识到把产品设计得好看，是一件特别重要的事情。但是，是产品本身好看，还是穿在消费者身上好看，其吸引力和目标性是有很大区别的。

对于服装来说，产品本身好看，就是更完整的设计，更完整的造型搭配。看到某一个服装风格后，消费者容易被这个风格氛围"拽"进去，开始想象如果穿在自己身上会怎样？线上网购这种情况特别多。

商家的模特、拍摄角度呈现的视觉效果，把产品风格和优点最大化表现出来，一方面拉动了销量，另一方面可能会带来高退货率。线上商品的主图是视觉营销，详情页本质上是产品说明书，告诉消费者产品怎样、适合怎样的需求特点、人群宜忌等，如果把详情页这份说明书当成视觉图来做，那么很可能就会带来超乎预期的退货率，退货导致的库存风险、运营消耗是很大的。

把产品设计得唯美好看，比较适合标品领域基础款、功能导向的产品。有特定消费群的产品，消费群适应性特征要摆在第一位，产品做得好看应放在第二位。这是因为适应性是刚需，一个产品的刚需功能做不好，只是产品好看，反而可能给消费者一个商家不诚实的坏印象。

### 3. 需求痒点设计

最高级的吸引力，是消费者体验产品后不能拒绝，带来的是转化率的增长。

能够把某一个产品的功能性作为设计切入点进行美学表达，是一个不错的创新角度。比如小个子身材娇小，可以通过表达可爱、轻松、柔美的风格优点来转化其缺点，就可以创造小个子独有的风格魅力。

相对而言，很多线上卖家觉得小个子的诉求就是尺码小，所以他们的产品研发很粗糙。他们抓到了小个子消费群的需求痛点，但是没有抓到小个子消费群的需求痒点。而服装方面，**在满足刚需之后，主要的复购来自痒点消费**。那些可以把缺点当成优点去设计和表达的产品，就是小个子等"问题"消费者的消费痒点。

很多淑女装，会强调消费者试穿之后的板型体验，告诉消费者试穿之后才能感受产品的好。这是吸引消费者的体验诉求。但是由于设计研发水准，或者商业设计方向不清等，很多重视板型体验的产品，容易丢失风格美学的表达。不管是试穿前的风格印象，还是试穿后的风格表现，都不太尽人意。很多说自己有板型优势的品牌只能面向有板型刚需的消费者，而不能激发板型体验带来的痒点消费，这会影响消费规模的扩大。

注重消费者的体验而打造产品吸引力，需要产品在满足消费者个性化特点、功能性刚需的基础上，重视痒点消费，把消费者需求特点中的缺点作为创意设计的切入点，来吸引消费者，提高转化率。

很多品牌商家，平时对消费者需求的关注往往停留在数据分析层面，为了提高对消费者的吸引力，采用的是更多频次的上新。频繁上新对推流或许有帮助，但对于消费者来说，上新的产品和消费者有关系才是最重要的。很多商家的运营费用居高不下，本质都是上新太多，平均单款销量太少，大量的产品上新产生了大量的拍摄成本、运营成本。

只看数据做决策，不真正研究消费者的需要，是一种"懒政"。

消费者信任一家店铺的理由很简单——这家店铺有值得我来的商品，经常有带给我惊喜的商品，我就会信任这家店铺，经常光顾。这里补充一点，消费者信任一个品牌和信任一家店铺是不同的。信任一个品牌，更多是因为商品的吸引力，信任一家店铺，除了产品，还有来自店铺的服务。关于服务带来的店铺吸引力，包括店铺是否真诚、耐心、专业，为消费者推荐适合的商品等。目前比较热的人格化 IP 打造，就是品牌构建服务真诚、耐心、专业的一种形式。

一个品牌要经营好消费者心目中的吸引力，涉及视觉设计、产品美学设计、精准了解目标消费者、在满足痛点的基础上做好痒点设计，并且持续保持专业度及服务水准等多个要素。

**对于消费者来说，喜欢 = 熟悉 + 意外。**

这个公式，可以帮助品牌明确产品创新对消费者的吸引力是什么。

服饰商品的创新模式，有微创新、天马行空式创新、重塑式创新等。相对而言，微创新更安全，天马行空式创新更冒险，重塑式创新更有市场冲击力。

视觉营销允许天马行空式创新，不过设计师们在产品开发时天马行空可能会带来巨大风险。

处在上升期的品类允许微创新，来获得更大的销售规模、更长的销售周期。

处在下滑阶段的品类则适合重塑式创新，来给市场注入新的活力。

通过日常的专业、用心来保持品牌魅力，保持品牌在消费者心目中的吸引力，是成本最低的。品牌进入下滑阶段，保持吸引力需要更高的成本，需要从战略高度来确定和打造对消费者的吸引力方式。

总之，想要在终端对消费者呈现品牌魅力，需要在视觉营销、产品设计表达的完整度、产品体验后的价值传递、准确的创新策略等维度，打造有效、可持续的品牌吸引力。

## 复购法则：做存量市场，怎么保持不下滑

一个健康运营的品牌大概有 35% 的流量自然流失，经营一般的品牌可能会有 60% 以上的流量自然流失，没什么竞争优势的品牌，不投流可能就没有流量。流量见底，怎么保住存量不下滑？

## 1. 老顾客重要，新顾客同样重要

可能很多人会讲，抓住老顾客，只要服务好老顾客，生意还是有量的。比如为了保证利润率，很多线下买手店选择高毛利定位，抓住20% 有消费能力的顾客进行贵宾式服务，用高毛利来替代流量损失带来的业绩下滑。这种模式对服务的要求很高，每个店员都是专业顾问加买手，商家通过培训多个专业店员来尽量多开店。

这种方式对于私域买手店来说，是可行的，但是对于线下品牌来说不行，为什么？

买手店可以完全以 VIP 消费者的需求为导向，为其提供适合的、喜欢的款式和产品。其实每个消费者的需求差异很大，买手店可以为了满足消费者的差异需要，去市场上寻找适合的款式，款式采买的宽度非常大，而这个宽度不是一个品牌的风格基因可以满足的。买手店可以多款少量在多个品牌那里订货，来达到为目标消费者提供满足其深度需求的产品、适应性强的产品，但品牌很难做到这点。

对于品牌来说，如果做非常有深度的老顾客服务，风格调性做得宽了，每一个款式的量就做不起来，平均到每款的研发成本、运营成本太高。所以品牌往往是通过多开店来提升订单量，盈利才可能高。但是对作为品牌单店的店主来说，品牌的产品宽度不够，满足的顾客需求太少、销售件数太少，即便单价高，很多时候也可能覆盖不了房租和运营成本。更何况，现在很多产品的单价根本做不了太高。

比较常见的典型问题是，品牌店铺的货品结构转化率有限。品牌经过经营积累了一部分老顾客，但是这些老顾客不能支撑品牌健康发展，品牌需要在满足老顾客需求的前提下，不断创造新顾客，才能让顾客流失率低于顾客增加比例，达到健康的经营效果。

此处我用的是"创造新顾客"，不是"拉新顾客"，因为互联网时代，**大部分产品卖不掉不是因为消费者看不到，而是因为消费者不想要。拉新顾客是老产品找新顾客，而创造新顾客是新产品满足老顾客需求和满足新顾客需求同时达标，本质是不同的。**同时，创造新顾客可以依据品牌店铺触达的流量属性，更有战略性地针对目标顾客来创造需求。这一点，比产品不变的拉新更有效。

当然，以上所讲隐藏了两个技术型难题。一是买手店或者品牌的终端店铺，是否有颗粒度比较细的顾客需求管理系统，这是为顾客提供精准产品推荐的基础。二是终端店铺的产品结构、产品需求是有效的集成模式，不是毫无章法的多款少量。在终端店铺解决这两个难题的情况下，品牌的精准创新、创造需求是有效的保住存量市场的模式。

存量时代，大多数品牌既要留住老顾客，又要创造新顾客，才能健康经营。不管是高价格品牌，还是中低价格品牌，都会面临这一点，尤其是消费者需求下滑明显的品类。

## 2. 如何留住老顾客，同时创造新顾客

如何留住老顾客，创造新顾客？主要的解决方案是重新梳理品牌基因，找到品牌基因的优势价值点，在此基础上拓宽产品线。也就是把老顾客的需求，与新顾客拓展方向相结合，这是一个升级品牌价值的过程，需要三个关键步骤。

第一，要深度洞察、梳理老顾客的需求，找到品牌不能放弃的需

求价值点，以及老顾客不能放弃的需求价值点。

第二，结合新顾客的需求洞察和不同需求层的需求属性，找到品牌价值诉求点和新顾客需求价值诉求，并将两者结合。

第三，在品牌价值诉求点的基础上，规划新顾客、老顾客的需求结构与升级要点。

这三个步骤每季开发都要重复一次，直到达到品牌的顾客经营目标。在后期的产品开发中可调整部分产品策略，集中打磨优势。其实，这个过程是品牌应对消费群结构变化、需求变化的过程，也是前文提到的基因双螺旋结构的衍化逻辑。这三个步骤主要针对的是变化速度快慢不一的细分品类品牌。

这里的重点是，要用到老顾客需求、新顾客需求，以及品牌价值诉求的交叉算法，来达到满足老顾客需求的同时创造新顾客需求的效果。

某线上品牌P，在某细分品类的头部位置，但从过去两年的数据看，其消费者流失较多，之所以业绩没掉是因为上调了产品价格。

该品牌由于多年在面料、品质方面控制得较好，积累了一部分忠实顾客。表面看，虽然生意还可以，但这个品牌心里清楚，童装赛道价格竞争激烈，几乎每一个品类都很拥挤。大部分商家为了降低成本选择的是采头现货面料，该品牌一直坚持用定制面料做产品，尽量解决色牢度、缩水率、耐磨、抗起球这些功能性要求，采买现货面料只作为一些销售补充。但是这种功能性的优势并不稀缺，在产品优势并不突出的情况下，老顾客能够跟多久该品牌心里没底。加上新顾客引流成本高，该品牌非常需要梳理品牌价值诉求、升级品牌基因，来留住老顾客、创造新顾客。

　　品牌 P 找到我们的时候，其实是想确认几个问题：该品类赛道是否存在高价格带品牌升级机会；如何找出品牌的优势品类；如果品牌升级，怎样的调性可以最大化留住老顾客，同时吸引新顾客。

　　经过系统调研后，我们回答了该品牌提出的三个问题。这里，我重点讲解第三个问题：如何最大化留住老顾客，同时吸引新顾客。

　　该品牌的老顾客，属于看重品质、功能属性，但对设计不太敏感的实用主义客群。为什么说这些老顾客对设计不敏感呢？该品牌过去以功能性基础款为主销，老顾客消费群对产品设计的接受度较高。

　　为了确认这一点，我们分析了该品牌不同品类、不同设计尺度、不同时期的款式销量，从中了解老顾客喜欢的设计具体指的是什么；对款式希望时尚一些的顾客，他们认为的时尚指的是设计元素还是设计手法的改变。这非常重要，很多品牌因为猜不准顾客需要的时尚具体是什么，导致产品滞销、设计被迫走保守路线、品牌设计吸引力缺乏，这样的现象比比皆是。

　　下面我们从消费者需求视角，来梳理该品牌老顾客的价值诉求。

　　一是功能层，把需求特点、优势落脚点、功能升级要点做了量化分析。

　　二是感知层，围绕老顾客的审美分寸感，量化设计尺度与要点，然后融进设计升级的风格中。

　　三是情绪层，量化分析了过去畅销款的情绪属性，然后在新设计中强化表达。

　　四是通过板型、面料功能、色彩图案等元素的升级调整，通过穿搭模型完成需求价值观表达。

　　简单来讲，就是提炼原有的消费需求属性框架，然后在这个需求框架中找到优势发力点，重塑产品的风格调性。

在重塑产品风格调性的过程中，严格保留需求框架和优势点，然后通过穿搭模型、配色关系等，进行完整度较高的设计表达。在这个过程中，我们创造了几个风格调性，并进行二次调研论证，进行风格受众人群的量化分析。我们还对全网活跃度较高的品类元素进行了分析，并尝试把最新配色关系融入新风格的设计中。这里其实就是将老顾客需求、品牌价值诉求定位、目标新顾客需求偏好，进行交叉重组，以达到增加老顾客复购和吸引新顾客人群的目的。

这是一个量化需求、量化设计、重塑设计的过程，很多细节在此不一一展开。这里涉及的不仅是品牌战略、竞争模式、盈利模式、商品需求企划、产品设计企划这些常规的流程步骤，关键是要把这些战略思想和需求都量化出来，进行新风格精准创造，来达到老需求新满足的结果。

不同的品牌想要提升复购率，同时吸引新顾客，需要采取的方式和方向差别会很大。这个过程无疑是复杂的，需要缜密的量化分析和战略思维，以及精准的设计掌控。这里比拼的核心是产品的战略能力和量化需求设计体系。

流量见底时代，提升老顾客复购率，真实的情况是复杂的。如果你只盯着老顾客复购做精准研发，需求肯定是萎缩的。品牌经营中，顾客复购不是一个单纯的目标，总会伴随多个问题，你需要系统思考、精准对策。

# 集成法则：满足多元个性化需求，怎么做规模

对于店铺来说，如果你想做更多消费群的生意，那么需要遵循的法则就是集成法则。一个店铺做多品类集成。

## 1. 扩大消费群，可用集成法则

一个平台是一个大集成，一个购物中心是一个大集成，一个杂货店也是一个大集成，对于单一品牌来说，做集成模式的基本在线下产生，因为线下是体验型流量，线上是搜索型流量。搜索型消费者进行产品比较的成本更低。线上单店多品类集成由于需要不同搜索流量进来，集成多品类的流量成本和单品类的流量成本相比，并没有效率优势。因此，线上的大店基本都是线下塑造出来然后转移到线上的集成店。线上单店要出圈，更适合聚焦而不是多品类集成，只有发展上升期才会通过集成来扩大需求转化率。

满足多元化需求，如何能够实现集成效率最大化？日本的集成模式做得相对成熟。日本的商业物业大多是私人的，单个物业面积不大，几百平方米到几千平方米，因此催生了很多不同类型的集成店。这些集成店为了增加流量转化效率，在店铺价值诉求定位、品类结构、陈列形式等方面有很多优秀的表现。

比如新宿区的一家百货，七层楼，每层面积不大，除了一楼和七楼有部分休闲茶饮区域之外，其他楼层全是女装品类。而且这些女装品类是一个风格、一个价格带，适合的女装消费群集中度非常高，消

费者可以进行有目标的采购，而不是闲逛。

我去这家百货的时候是在一个周二，当时消费者摩肩接踵，几乎每个离开的消费者都提着几个手提袋。这家百货可以覆盖整个东京甚至更远的消费者，而且位于地铁口，每一个符合需求的消费者哪怕是距离远也愿意来逛，因为逛一次一定会有收获。

我们的购物中心往往品类"大而全"，但是每家购物中心多是相似的，而且像超市一样密集，隔几公里就有一家。同时，购物中心每家店的价值诉求缺乏特色、目标消费需求很散，购物中心什么都有，又什么集中度都没有，消费者的选择购买效率不高。对于消费者来说，购物的时间成本高、效率低，购物中心怎么可能有吸引力，怎么可能实现商业效率呢？

购物中心，如果缺乏从消费者选择购买效率角度思考自己的差异定位，对进入的品牌单店来说是不利的。（购物中心招商，喜欢选择几个不同价格带、不同档次、不同风格的品牌，认为相似的品牌存在竞争关系，这种错误的理念一直到现在都存在。）当然也有做得好的，比如上海静安寺的久光百货，进驻了很多中高端女装品牌，女装相对集中，久光百货在购物中心中的盈利水平排在上海前列，在全国也是名列前茅的。

## 2. 要做有效的集成

**集成，不是大杂烩的集成。有效的集成，一定是有统一价值诉求，在某一个需求价值观下的品类扩充。**

Z店铺是线下门店中集成效率较高的店铺。Z店铺的平效很高，是业内人士的共识。我有一段时间连续观察 Z 店铺的产品结构、产品周转反应形式，Z 店铺不仅是传统快时尚意义上的快，还能精准地调配货品，让一盘货的风格、款式、结构最大化地符合店铺所在区域的消费群。同时，Z 店铺在产品结构组合集成方面做得也非常出色。

Z 店铺的集成围绕的价值诉求是时尚、低价，同时通过壁柜进行流行风格搭配组合展示，引导消费者穿搭选择，而中岛区域则是大量的基本款，以方便消费者在基本款和流行风格之间进行互搭性自由选择。

虽然 Z 店铺中有童装、女装、男装等品类，有时尚、休闲、基本、约会等场景，呈现的产品线很宽、很丰富，但是无效款很少，几乎没有无效死角。Z 店铺中的产品结构的宽度、深度比较合理，又不会有无效款，这一点其实非常值得大部分品牌学习。

很多线下大店，产品结构多是为了满足场地陈列需要，而不是以消费者选择购买效率为目标进行合理规划。很多品牌虽然也很擅长依据销售数据快速调补货，调整适合的款量，但是产品结构中的平销、滞销的款占比多了，基本很难解决有效款增加、无效款减少的问题。因为品牌集成效率是从商品企划到销售的完整闭环，不是一个调补货环节就能解决的。

集成并不只是适合大店模式的品牌，那些产品宽度较窄的单品牌依然适合，只不过表现形式会不同。产品宽度、深度都不够的品牌，由于总体流量规模小，更需要通过产品系列的有效集成来提升转化率。

很多细分品牌的产品企划，在设计时，通常以面料重复利用为目标，把一款面料做多个品类设计的延展，来增加一款面料的消化率。比如一款花料，设计师设计了一款连衣裙，然后又设计了一款衬衣，还设计了一款半裙，尽量让一款面料呈现出不同的品类，花了很多心思。但是，这种产品组合形式，在销售的时候往往很难成交，为什么？

假如一个顾客被这款花料的连衣裙吸引，想要看看有没有其他的选择来降低自己的决策风险，那么不同品类的其他款式就没有参照意义，因此消费者很难做出购买决策，产品也就很难卖。那么，怎么能够让有限的款式，尽量多地转化为销量呢？也就是一个系列怎么做产品结构更有助于消费者选择呢？其实有很多表现方式可实现这一目标。

举例，要想一个系列卖得更好，那么这个系列一定有一个出彩的主题表现，如修身的板型、高级的色彩、时髦的穿搭风格。然后，要在这个主题下，尽量考虑目标消费者的差异化。

比如唯美的风格，一个系列中分别有不同高度的腰线设计，以适应更多差异化体型的消费者需要；比如高级的颜色系列中，分别有不同品类或不同领型，来满足喜欢某些颜色的消费者，使其选到适合自己的品类和款式；比如修身板型的主题下，分别有不同的材质肌理表达，来满足不同舒适度、不同体感的差异化需要等。

少量的款式，想要满足更多的消费者需求，需要产品设计把握两个要点。

第一个要点是这个小系列的主题优势清晰，产品具有吸引力。

第二个要点是在吸引力条件满足的情况下做差异化表达，满足消费者的选择自由度。一个很唯美的系列，但是产品需求属性过于单一、很挑人，系列组合无效款太多，这种情况就很难做到高转化。

很多细分品牌的有效产品很少，有的品牌甚至有 80% 以上的无效款。行业内有一个二八法则之说——所有款式中只有 20% 的款好卖。其实，二八法则是统计概率，不是产品研发的目标，如果产品结构设计合理，是不会有 80% 的款不好卖的。最重要的是，以当下的流量难度，如果有较高比例的无效款，成本是非常高的。固守着过去的产品企划设计思维，不求进步的企业，肯定是没有未来的。

> 产品组合的有效集成，目的是解决消费者的选择效率问题。一个店铺、一个系列中的产品组合结构，只有先满足消费者的选择效率，才能满足企业的产品盈利结构。选择效率不高的产品集成，产品盈利结构注定是高成本、高风险的。

## 优势打造法则：竞争过度，如何跑赢竞品

竞争，就是面临消费者的各种比较性选择，带来的机会成本增加。竞争过度，会促使市场的话语权来到消费者这边，在被消费者选择的情况下，销售变得更不可控。

要想让销售可控，那么最需要的就是优势突出。以优势来抢夺同类品牌的销售份额。因此，一个品牌经营任何品类、任何风格，都应该知道自己在市场竞争中处在什么位置。

对于服装来说，创造优势比想象中要复杂。同样的品类、同样的

款式，比较容易对比优势，比如品牌优势、性价比优势。一旦款式不同，产品之间的竞争关系就会变得复杂。很多品类为了避开竞争，选择差异化设计，而差异化设计会让原来的标品类需求走向细分需求，使得品牌在市场中不断地变换竞争对手。

现在，很多品类都在细分赛道中打造优势，争夺细分领域的头部位置。细分领域头部的争夺，又推动各种细分衍化的品类二次创新，比如品类消费的重塑、品类消费的替代。这可能会带来一些品类总体规模的扩张。

跑赢竞争对手，进行优势打造，有很多种策略选择。

简单初级的优势打造，比如同样的产品，用更好的面料、更好看的颜色、更好的工艺水准，款式不变，品质改变。这种朴素的优势打造方法，往往能够吸引大众消费者选择。能做到这一点的企业很多。

难度二级的优势打造，还是同样的产品，用更好的面料、更好看的颜色、更好的工艺水准，同时降低零售价，拉高一个品类的竞争门槛。做得又好又便宜，还能赚钱，拼的是系统的供应链成本管理能力以及运营效率，不是单纯地改善产品品质那么简单。能做到这一点的企业不多，但也不少，往往都是一些规模企业。

难度三级的优势打造，还是同样的消费需求，用更好的面料、更好看的颜色、更好的工艺水准，然后在消费者需求属性框架基础上进行设计手法的更新迭代，同时价格不上调。这种类型的优势打造，满足了消费者对性价比的需求，满足了消费者对新鲜感的情绪需求，产品往往容易畅销。

当然，这种性价比优势＋情绪优势打造，需要品牌企业具备三大能力——把控原材料、品质、工艺的管理能力，上游供应链成本管理和运营效率优化能力，设计的精准表达能力。能够做到这三点的企业不多，大部分企业的产品研发都是靠人海战术，基本都是试错开发，缺乏有目标的精准设计开发。能够做到这一点的品牌，不管做什么品类都会走在竞争的前端，掌握一定的市场话语权。

难度四级的优势打造，还是同样的消费需求，不在消费者功能层创新，而是在消费者的感知层、人文价值层进行产品优势的思考。品牌通过分析消费需求的本质，进行需求层的重塑，这是通过需求重塑完全避开竞争的蓝海战略。能够做到这一点的品牌创始人，都是有很强的商业悟性和专业能力的。这类品牌一旦出现，会成为现象级的品牌，品牌自身的战略选择就可以带来话题营销，在业内产生不可忽视的影响力。

以上是从产品优势打造角度来看，如何跑赢竞争对手。当然，跑赢竞争对手不会局限于产品优势打造。入场时机的优势带来的品牌知名度也是优势；营销团队很强，能够经常有创意地推出一些营销手段也是优势；品牌企业的组织部门间有一个快速反馈的协作机制也是优势；具有稳定的上游供应链管控能力也是优势；有着庞大的加盟客户的渠道资源也是优势；多年积累的行业链条中，合作伙伴的信任也是优势……品牌企业的优势是多维的、可叠加的，都是可以通过刻意训练来塑造的。

对于店铺来讲，让消费者愿意来逛、愿意复购，需要具备哪些优势呢？

第一，服务带来的信任。店铺通过日常经营和服务给消费者制造舒心的体验，同样的产品，消费者更愿意光顾你的店铺。

第二，优质产品持续供给的稳定性。店铺可以持续、稳定地更新变化，给消费者需要的商品，给消费者带来惊喜，使其产生依赖感。这是在建立一种品牌信任。因为品牌有稳定的产品质量输出、稳定的产品设计质量输出、稳定的创新节奏输出，对于消费者来说是一种稳定的预期，消费者会因此对品牌产生依赖感。每次有产品需要，消费者首先会想到你的品牌。很多 IP 博主塑造人格信任，本质上就是运用了这个底层逻辑。

第三，品类权威、知名度。一个品牌有影响力，在目标消费者那里家喻户晓，那么同样的产品，消费者选择购买你的品牌，就有安全感，以及会因为购买知名品牌而产生一定的社交价值。同样的产品，买一个放心的品牌、买一个知名的品牌，买的是安全感。这是品牌一种先入为主的优势。

**跑赢竞品，优势打造法则，是一个赛道逻辑。现在已经没有真正意义的所谓新商品，任何一种需求，市场上都挤满了人。要想跑赢对手，就需要持续保持优势。**

尽管有些老品牌有先期优势，但也会有周期性，可能某些优势已经不存在了，在消费者那里却还有一些"余威"，凭借吃老本还能活几年。其实对于老品牌来说，这几年是过去的积累争取到的品牌升级换代的窗口期。很多老品牌意识不到这一点，对新的市场形态缺乏深度的洞察，依然躺在过去的功劳簿上温水煮青蛙，实在可惜，因为这个窗口期可能很快就没了。

优势，需要不断迭代，升级为新的表现形式，就像一旦进入赛道就会身不由己，停不下来了。

# 适应性法则：懂消费者才能持久地赢

什么叫懂消费者？什么叫作适应性？

知道过去消费者买过什么，叫懂消费者吗？这只是懂消费者的过去，而不一定懂其未来的需求。

品牌本身就应有引领消费、满足消费的战略眼光，这需要品牌在不同需求层懂消费者，在不同需求层选择不同的消费群策略。

终端门店什么好卖就卖什么，等于适应性匹配需求吗？

在今天需求细分、产品销售机会被不断瓜分的情况下，明显算是爆款的产品越来越少了。什么产品好卖就卖什么，这种粗犷的描述已经远远跟不上这个时代了。

新时代的产品匹配需求与过去有什么不同？

传统的商品企划中有一个五适原则：适合的产品、适合的价格、适合的时间、适合的数量、适合的卖场。今天，这五点虽然基础不变，但是做到这五点，需要的颗粒度更细了。五适原则更多指向的是功能层刚需，需要友好的竞争环境支持，缺少选择价值、情绪价值、人文价值等维度的要求。因为现在的消费者，不是通过这五点来选择衣服，互联网已经让这个五适原则变得模糊了。另外，由于竞争过度，至少需要在五适原则基础上，增加适合的竞争策略，或者适合的流量策略。

想要创造消费者喜欢的产品，要在适合的需求时机、适合的竞争策略、适合的创新研发模式这三个框架下谈五适原则，才是当下匹配消费需求的新逻辑。

适合的需求时机，指的是需求形态和市场形态产生的机会。适合的竞争策略，指的是面对竞争对手的战略决策。适合的创新研发模式，是创造适合消费者需求的产品的研发决策机制。

服装需求是刚需，也是成熟型竞争。尤其目前市场开始进入情绪消费驱动阶段，消费者的个性化需求具有不确定性，让产品精准匹配消费需求变得更难。即便是像 Z 一样用快速反应＋关键词管理进行需求匹配，也是一种概率统计，概率统计需要一定流量的支持。只能说 Z 的应变模式，是运用时装需求概率统计分析来应对需求变化。但是作为往细分领域发展的单一品类或单一风格的品牌，要避开竞争就要跑赢目标消费者。细分品牌比标品品牌或集成品牌，需要更细致地洞察消费者需求，做出更精准的策略。

终端门店，怎么做到懂消费者呢？

我们在近 20 年与品牌、品牌门店接触的过程中，发现直面消费者的终端人员，对消费者的了解基本是经验型的。长期的销售数据积累，会让他们在脑海中形成一些直观的判断，比如什么产品好卖、哪些消费者买什么类型的产品等，基本在门店岗位工作半年的人员都可以做到这一点。但是如果要询问他们，消费者体型具体有多少种类型、每种类型的占比怎样，不同类型消费者需求场景的占比，不同消费者的不同需求属性的占比，95％ 以上的人回答不上来。

这些具体的有助于客观决策的量化信息特别重要，很可惜大部分品牌门店缺乏关于消费者需求属性的统计与洞察。

品牌想获得消费者信息，做到足够懂消费者，需要结合以下三种方式。

第一，通过每个店铺，包括线上店铺所触达的消费者需求形态，了解销售数据中看不到的消费者需求信息。这一点，线上可以扩大同类竞品范围，并进行消费者需求偏好分析，线下则需要具有一定消费者需求认知体系的专业人员，通过门店商圈以及所在城市的消费者调研来实现。了解这些信息，主要是为品牌拓展消费者需求及论证产品扩充升级方向的产品决策服务。

第二，通过日常的营销推广措施，以及同时产生的销售数据，分析消费者购买的即时信息。这一点是比较常见的。但是大多数企业分析销售数据的主要部门是商品运营部门，设计研发部门很难通过这些数据获取客观的消费者需求数据。原因是大部分数据格式都是应对财务需要，比如库存管理、调拨货品、销售统计等，每个单品的款号信息中并没有消费者需求属性方面的信息，因此通过日常销售数据很难获得即时的消费者需求信息。

如果每一个款号还有一套消费者需求属性的编码信息，那么品牌营销或者研发，就可以通过销售数据即时获得关于消费者需求动机、需求属性等具体的信息。这也是过去我们研究并为客户服务的项目之一。

第三，专业设计研发人员通过与目标消费者进行深度接触，获取消费者对产品需求的微观体感信息。虽然说这种消费者洞察只能覆盖很少的人，但是通过寻找典型的消费者，与其进行深度接触、定量分析、定期调研，可以为品牌获取 80% 以上的消费者潜在需求的信息。

结合以上三种方式，品牌可以获取消费者信息，搞懂消费者的需求。当然，如果品牌要在定位、战略或营销等大方向进行调整，则需要更大范围地去洞察和调研消费者。

有人问，通过消费者调研问卷的方式了解消费者，是否可行？

做消费者调研问卷，要看具体的目的是什么。比如我们在做消费者访谈的时候，会结合访谈内容以及现场观察，并通过问卷做一部分信息补充，来最大化获取消费者的需求信息。不过，调研问卷是为了配合洞察需求，消费者填写问卷后进一步沟通，弄清楚其为什么这样填写，这一点更重要。如果你只是单纯设计一张问卷，然后让非专业人士通过奖品交换找消费者填写问卷，那么你获取的有价值信息会很少。

所以，懂得消费者，只是完成适应性法则的第一步。

持续搞懂消费者需求，持续做对决策需要一套有效的机制体系来支持。

品牌想要保持给消费者提供的产品是适合的、精准的，需要在季节产品策略制定、产品研发、营销推广、数据反馈等方面形成决策闭环。通过闭环决策机制，不断优化产品的适应性。

比如，品牌要抢占头部位置的战略决策，本质是增加需求确定性。一个品牌的一个品类如果市场份额已经排到了第一、第二的位置，意味着该品牌已经触达该领域最多的消费群，意味着曝光率已经有了优势。一个品牌推出任何一个新品如果有曝光率加持，其产品匹配消费者需求的效率会更高，市场风险会大大降低。

面对需求个性化、需求变化，做好品牌适应性、匹配消费者需求，一定不是靠一时的运气或者一次两次的决策，品牌要靠消费者信息获取机制、部门协作机制，以及商业设计决策流程，来形成品牌内生系统。这个系统是品牌赢得市场与消费者的基本功。

第三章

——

# 引领情绪消费：
# 打造情绪价值，重塑品牌吸引力

消费者的消费需求，不是静态的。

以女装为例，2020—2021 年消费需求热门关键词是慵懒、舒适，2021—2022 年消费需求热门关键词是实用主义，2023 年的消费需求热门关键词是松弛……

慵懒、舒适是工作生活状态方面的需求表达，实用主义是功能需求表达，松弛则是一种情绪感受的表达。

当消费者的需求点转向情绪，市场需求的不确定性会更加突出，因为情绪需求可以成为消费动机，但情绪需求并不是刚需，不像功能需求那样具有规律性。品牌满足消费者的情绪需求，比满足消费者的刚需——功能需求，更难掌握分寸感。

当消费者的需求中出现情绪需求的时候，品牌所需要承受的创新压力是前所未有的。

# 情绪需求是一种消费新动机

对于服装行业来说，情绪需求具体指的是什么？

服饰产品，过去虽然一直在功能层满足需求，并与竞品展开竞争，但是其天然就带有情绪属性。购买服饰的时候，很多人有一个口头禅："没有感觉，不想买"。可见，消费者在浏览商品时，一定是先看到产品有感觉、有兴趣，才会进一步了解其他信息。

这种所谓的感觉，其实就是一种情绪感受。只不过，这种情绪是消费者自身条件和产品信息汇集成的个人感受，分类太多，无法统计，因此过去我们不会过于重视这种感觉，这种说不清楚的感觉经常被忽略。

过去，情绪需求一直在，只是当遇到功能性需求的时候，情绪需求变得不重要了，人们会放弃情绪需求。

今天与过去不同了，由于竞争推动，很多品牌的产品已经具备基础的功能性刚需属性，或者品牌间产品的品质基本差不多，此时的需求动力就会是情绪需求占据主导。在功能性需求得到满足的前提下，消费者购买产品时，一定会将情绪感受的需求摆在最前面。

## 营销情绪与产品情绪的区别

情绪价值，已经是众多营销人今天非常重视的概念。但是，营销出来的情绪和产品本身带给人的情绪一样吗？

### 1. 营销情绪

一个品牌的价值诉求、一个产品的卖点诉求、一个新品上市的一系列视觉打造，这些都会传递某一种需求情绪。

比如，某时装包品牌的广告语是"能装的包、不装的心"，诉求的是一种真实自在的情绪；某枕头产品的卖点文案是"给思想者一个柔软的睡眠"，虽然产品的攻能是护颈，但卖点文案诉求的是消费者取悦自己的情绪价值；某男性内裤产品，通过黑白艺术摄影的手法表达男性体型线条的刚毅与力量感，把消费者潜在情绪诉求表达出来，以激起情绪共鸣；等等。

营销情绪，通常是先有产品，然后再通过文案、画面赋予产品情绪需求。

对于标品类服装，情绪营销的诉求表达主要集中在功能层带给人的情绪价值，以及人文价值层带给人的情绪价值。

以运动品牌的营销诉求为例：安踏，"永不止步"；李宁，"一切皆有可能"；特步，"非一般的感觉"；鸿星尔克，"To Be No.1"（迈向第一）；361°，"多一度热爱"；亚瑟士，"健全的精神寓于强健的体魄"。

这些运动品牌的营销，诉求的是一种积极情绪、一种运动精神。这些情绪诉求并没有局限于某一个品类，或者某一个款式。将产品功能上升到情绪诉求，是现代市场营销和产品设计的重要策略。

而一些奢侈品，或者特定社交场合的服饰商品，则主要在社会身份、人文价值层传达情绪诉求。比如珠宝品牌海瑞·温斯顿（Harry Winston），仅凭一句"明星的珠宝商"，就足以奠定江湖地位。路易威登（Louis Vuitton），"生命本身就是一场旅行"，一句话定义了生命，讲透了人生的本质，看破了一切世俗的意义。葆蝶家（Bottega Veneta），"当你的名字已足够"，如果你能够融入这样的圈子，你总有一天会听到我的名字。手表品牌江诗丹顿（Vacheron Constantin），"你可以轻易地拥有时间，但无法轻易地拥有江诗丹顿"；百达翡丽（Patek Philippe），"没人能真正拥有百达翡丽，只不过在为下一代保管而已"。

这些带着骄傲和昂贵身份符号的广告语，在过去很受追捧，但在情绪消费动机主导的今天，有很多消费者选择取悦自己，不再膜拜这些"教主式"的品牌。

## 2. 产品情绪

时尚品类由于自身的设计美学就是情绪，所以情绪往往通过产品设计来传达，而非营销传达。这就是女装品牌很少做广告营销的底层原因。一些标品中的极致单品也会思考怎么将消费者的情绪诉求融入设计。

从产品设计端思考消费者的情绪需求，就是产品情绪价值打造。

怎么通过产品设计打造情绪价值呢？简单讲，就是在设计元素的感知层进行设计。

以裘皮大衣为例，裘皮自身的价格高、裘皮材质本身带给人华丽富贵的传统印象，过去购买裘皮大衣的消费者，通常是为了显示身份，或者是为了满足物质占有欲。购买裘皮大衣，代表着一种社会身份。（御寒保暖是原始功能需求。）

裘皮大衣被设计出时装款式，多是注重廓形的长度，在领口或袖口采用最好的毛皮、更复杂的工艺等显示一件衣服的昂贵。裘皮大衣这类诉求，主打怎么显贵怎么来、怎么显示身份怎么设计。随着年轻消费人群一代一代迭代，裘皮奢华的社交符号价值被人诟病（暴发户印象），加上实用主义、取悦情绪的需求价值观兴起，延续过去穿衣价值观的消费者越来越少，裘皮这个品类遭遇了市场寒潮。

但是，通过持续观察近几年的线上数据，我发现从 2021 年起，线上有几个专注裘皮大衣的商家销量很好。仔细分析产品后发现，他们放弃了过去裘皮华丽高贵的设计表达，转而去表达裘皮材质的柔软、舒适的质感，在感觉层做设计表达。

比如，把柔软的裘皮和慵懒的廓形结合，把可爱舒适的毛绒质感和甜美可爱的领型、细节结合，传递出裘皮材质感知层的可爱、亲和力、舒适、柔软的情绪，而不是雍容华贵的社会身份（被诟病为暴发户）。因此，裘皮保暖的实用功能再次得到消费群认同。这是一个在产品设计源头打造情绪价值的典型案例。

在产品设计源头打造情绪价值，就是通过设计传递产品感知层的感受和情绪，从而带动消费者购买。也就是制造产品的感觉风格，经济学上的说法叫作"风格经济"。

把产品各维度的功能、面料材质本身的特点、设计元素等客观条件中的感知层感受提炼出来，进行设计表达，融合成一个完整度高的产品，这个产品就会拥有一种情绪。我们不需要用文字去表达，不需要用特殊的视觉制造错觉，产品本身就可以带给人清晰的感知和感受，从而带动情绪，触动购买。

> 营销情绪价值打造，靠的是营销广告的表达能力。而产品情绪价值打造，靠的是设计元素的多维度表达能力。

## 女装，是情绪需求表现最丰富的市场

审美情绪需求，对于女装来说，由来已久。

女性衣柜里永远都少一件衣服，是一种对美好追求永无止境的情绪需求。

女性消费者购买的是感觉，感觉来自女装产品设计元素的感知层表达。

尤其时装，是情绪需求的"重灾区"。各种服装设计元素的不同感知层的表达，是时装的主旋律。面料肌理、色彩色调、图案风格、廓形结构印象、板型线条变化、工艺细节等，每一个设计元素都是表达某种情绪的载体。

即便是实用主义的基本款，也需要款式设计在感知层的加持，来增加其情绪表达。比如把基本款的简约做到极致的极简风、把基本款做到干净得体的减法实穿风、把基本款进行严谨搭配的老钱风等。功能主义必须要有情绪载体才会更加吸引人。

**女装的情绪表达，不需要情绪价值的营销，只要看到产品款式，懂的人自然会懂。对于不关心的人、不懂的人，营销也无济于事。**

女装，以表达美学为目标，美有多少种，女装就有多少细分需求。然后叠加价格带、女性自身身份、场合、体型等差异化条件，让女性服装需求极度多样化。多样化的需求和多样化的产品设计元素的情绪表达，形成了错综复杂的多样化选择市场。

女装品牌产品的情绪表达，如果想要赢得更多消费者喜欢，有很多途径。

一是做详细的消费人群的需求量化分析，找到目标消费群的价值诉求属性，进行品牌产品价值打造。

二是产品设计完整度高。通过产品设计元素的精准性和完整性表达，来吸引消费者意外购买。美好的风格，即便不一定适应某个消费人群，但是设计完整度高依然会带来强大的情绪影响力。

三是趋势借势。借助某一种流行情绪，或者社会情绪趋势，来表达产品的情绪诉求，满足和迎合消费者当时的情绪需求。

女装，离开设计元素感知层表达的情绪感受，是没有前景的。业内有一种观点，做得了男装的不一定做得了女装，就是说女装贩卖的是风格情绪，而男装销售的更多是身份符号。这是两种完全不同的思维模式和运营模式，对经营者能力的要求差距很大。

女装是情绪需求非常丰富的市场，新的消费人群、新的需求情绪会不断冒出来，所以女装比男装、童装、运动装等偏刚需的品类，市场的新陈代谢更快，竞争更不稳定。正是因为女装是情绪需求推动的市场，因此能够形成规模优势的头部品牌不多，即便有些品牌销售能做到几十亿元，甚至上百亿元，也可能不为大众所知，因为女装需求太碎片化了。

所以，女装消费者需求洞察、女装的设计表达，有很多成熟的逻辑方法论，可以供很多需求还没这么细分的品类学习。比如，女装的情绪价值打造，可以总结出很多方法论供其他品类借鉴。女装消费者的情绪需求更敏感，某一种情绪需求发生时，其他品类可能完全还没有意识。这时，其他品类可以通过某个正在上升期的女装情绪风格，去分析差异品类新的情绪需求机会是否存在。

不过，很少有人从客观的外部视角去总结女装的情绪需求形态和逻辑规律。大部分品牌创始人去定义某一个女装风格，都是来自直觉，甚至是来自单纯的模仿，看到哪一个风格数据好看就去模仿。很多品牌甚至模仿都是靠歪打正着的运气，比如怕侵犯某个品牌的版权，尽量改得不像，结果某些神像形不像的款式却意外收获了一个崭新的消费群。

可以说，很多品牌在创建之初并不清楚自己的风格定位的需求规模怎样、竞争优势怎样。或许是女装情绪需求太碎片化的原因，大部分人搞不清楚怎么判断哪一种情绪需求会好卖，干脆做了再说。也因此，女装领域经常会诞生"奇迹"品牌。我在长期的数据跟踪中发现，不靠实力靠运气在某一个时间段畅销，然后业绩过一两年就快速下滑的品牌不在少数。

**因为情绪需求丰富，做对了决策，女装就是一个允许四两拨千斤的市场。当然，要想一直生存、活得好，女装也是一个特别依赖商业设计水准的市场。对于女装来说，情绪需求是必须的，而要点是如何选择对的情绪需求，以及如何精准表达情绪需求。**

女装，是一个宝藏。当你拨开云雾的时候，你会看到非常多的情绪风格、情绪盈利模式与情绪消费动机，女装市场永远都有机会。这也是我一直喜欢研究女装的原因。

## 流行，最显性的情绪诉求

流行，起源于情绪需求。流行消费，是最显性的情绪需求。

有人说，流行是轮回的。曾经的风格，几年后会换一个样子回来，这背后是一种喜新不厌旧的情绪。其实，这不是流行的轮回，而是情绪需求的轮回。因为曾经热爱过，所以有熟悉感，有认同感，当过去的热爱有了新的模样时，会带给人似曾相识的惊喜感。**流行轮回，本质是情绪需求的唤起。**

有人说，流行是在顺应时代。某一种流行趋势兴起，是因为人们内心已经萌生了这种潜在的渴望。比如某个流行色的预测本身就是依据经济大环境带给人的心境，流行色彩是不折不扣的情绪诉求。再如风格衍化，2022 年流行实用主义，2023 年则在实用主义的基础上升级，流行以基础款为基础的极简风、老钱风等。流行的本质是需求的衍化，而推动这种衍化的是情绪。

纵观过去的流行风格，比如禅意风、运动风、复古风、废土风、慵懒风等，没有一个风格的流行不是因为情绪需求的推动。每一种流行情绪所衍生出的产品风格，其带来的消费规模大小是商业是否成功的关键。

比如复古风，代表见过繁华或者努力过后的自我疗愈而产生的念旧情绪，这种需求是大众的，因此复古风适合的消费群规模非常大。复古情绪下出现了很多细分市场，比如美式复古、港式复古、日系复古等。

再如禅意风，代表一种压力状态下的疗愈情绪。但是禅意风，其设计表达往往采用灰调的色彩、静意悬垂的廓形材质，对穿着场景和穿着气质有一定的要求，消费群受众规模会小很多。

**流行风格是情绪推动的，但并不代表所有的流行风格都有市场前景。**情绪需求有周期长短的区别。

有些流行风格的市场有效期很短，比如工装风。工装风是户外、功能性、生活方式带动的流行风格。工装风又酷又飒，运动机能上衣的穿搭非常适合年轻、热爱自由、比较重视实用性消费者的需要，尤其工装裤，作为百搭款快速在消费群中走红。正因为这种热度，让工装裤快速成为许多品牌重视的品类，也因此工装裤在很短时间内就进入了价格竞争阶段。工装裤的需求周期虽然不短，但是进入价格竞争后，有效的市场周期不会长，表现为盈利前景不乐观。

另外，流行风格的需求属性决定了需求频率。比如，运动风的需求频率较高、需求具有多样性同时存在，因此运动风的市场周期更长、市场形态更多样化。而运动风的分支风格——网球风，则需求频次较低，需求人群相对小众。当市场进入者多时，网球风的流行性市场将快速下滑。

流行是典型的情绪需求，一种情绪需求背后的流行性市场如何，最重要的是对消费需求属性、消费需求频次等带来的需求规模、竞争形态市场周期及需求周期的判断。

情绪需求，在流行时装里不是什么新鲜概念。但是在男装、童装、内衣、家居家纺等刚需主导的品类范畴中，流行情绪是一种振奋剂。

> 适当地将流行情绪与产品的刚需功能结合，会成为赢得消费者、赢过竞争对手的密码。

## 风格调性品牌的存量顾客，有怎样的情绪需求

风格调性，是产品设计最终表达的结果。流行的风格调性本身就是情绪需求，那么，不追随流行的风格调性是在满足消费者怎样的情绪需求呢?

### 1. 既要满足功能性刚需，还要有情绪感染力

不追随流行的风格调性型品牌，首先满足的是消费者功能性美学需求。

任何一种风格调性的品牌，如果需要再次吸引老顾客，那么风格调性一定要踩准其潜在需求情绪，才能够再次激发购买。比如我们日常有过很多类似的个人经历，经常去买的一个品牌，再次光顾时发现并没有感觉，于是空手而回。我们信任一个品牌，连续几次都没有遇到看上眼的产品，那么我们就会对这个品牌失去信心。这种拥有老顾客信任却未能成功转化为购买行为的现象，在每一个品牌那里的占比都不低。

我们如果找不到品牌调性下的情绪需求，拿什么来做存量市场呢？

我们在前文聊过怎么理解消费者的美学偏好，并从消费者功能性需求角度解读消费者的美学偏好的类型。消费者的美学偏好分为修饰表达美学、造型表达美学、气质神态美学、审美品位美学和身份价值美学五种类型。服装品类几乎涵盖这五种类型，如果你的产品有与美学需求相关的情绪表达，你就能留住老顾客。

**作为品牌，你只有知道自己的风格调性在消费者需求中属于哪一种类型，消费者喜欢你的刚需点有哪些、情绪需求点在哪里，才能有目标地做好存量市场。**

能够稳定地满足消费者在功能性刚需方面的美学偏好，让消费者依赖品牌，本身也是在提供一种情绪需求。

很多品牌，每年都小心翼翼地维护自己的调性，却不清楚自己风格调性的需求基因是什么，每季重复、相似的开发比较多，无法激起老顾客的购买欲望。

举例，有些品牌的创始人根据自身的生活状态、情绪感知、审美偏好来决定品牌风格的调性，可以说，创始人的直觉是决定品牌每一个波段产品风格调性走向的主因。

有些品牌的创始人在经营多年以后，依然不敢放手，尤其是筛款审版环节一定亲力亲为、每款都要亲自做决策。如果品牌创始人退居二线，邀请专业人士来做主设，那么品牌原来的风格调性的基因可能就保不住。这类问题在大部分有风格调性的时尚品牌中普遍存在。

假如品牌的风格调性缺乏刚需的稳定性支撑，那么再有情绪感染力的风格调性也不会有多少购买转化率。只有刚需的支撑足够稳定，而且需求规模可观，并在这个基础上与消费者的情绪需求结合，才更容易促进购买。

重点是，品牌的情绪价值打造是有目标地进行的，而不是靠碰运气。这种目标性，不是通过简化产品研发决策难度的抄改仿模式可以解决的。有目标的产品研发，特别考验品牌企划研发团队的商业设计水准。100个款中总会有几个款销量较多，如果你是这样认为的，你就是靠运气在试错研发。在款式设计中，精准打造情绪价值，虽然在前期需要做深度分析，但是在效能上会提升不少。

如果你的品牌的美学调性、需求基因，要围绕某个消费群的气质神态进行设计，那么你首先需要量化气质神态美学需要的设计基因是什么。比如实现消费者气质神态需要的美学设计手法，表达什么、怎么表达，与设计尺度相关的主要设计元素是什么，设计元素的比例大小、位置关系是怎样的，色调基因、配色基因是什么，板型、工艺标准是什么，等等。

把品牌的美学调性、需求基因梳理出来，把对应的设计基因找出来，这些基因是不能变的。不变的确定了，就要寻找变化的情绪需求可能是什么。我们在后文中，会详细地讲如何洞察情绪需求，以及洞察到新的情绪需求以后，如何与品牌不变的设计基因结合，来完整表达品牌的刚需需求基因和情绪价值诉求。

同样，如果你的品牌的美学偏好是身份价值美学，主要表达某一个社会阶层的身份，或者某一个社会身份的生活方式、价值观，那么你需要梳理形成这个社会身份、生活方式、价值观的主要需求是什么，满足这些需求的设计手法、设计尺度等具体的设计基因是什么，然后在符合设计基因要求的情况下，寻找新一季情绪需求的设计元素，并与品牌的设计基因结合，最大化实现设计完整度。

有些品牌，不擅长梳理品牌风格调性、需求基因，不擅长量化设计，随着创始人的年龄增长，品牌也许守护住了创始人基因，但缺乏与新需求情绪的结合，容易与市场需求脱节，逐渐老化。

惊喜，是回馈给老顾客最好的情绪价值。

## 2. 让消费者感到意外

了解了情绪需求如何与品牌基因结合，我们再来看老顾客复购的情绪需求是什么。简单讲，就是我们提到过的"喜欢＝熟悉＋意外"。

**面对每一种风格调性的延续需求，消费者都会有一些和过去不同的期待，最典型的情绪需求动机是求新。**

消费者的"喜欢＝熟悉＋意外"，品牌可以围绕需求基因不变的情况，改变设计元素，或者调整设计尺度，或者增加设计层次，或者调整设计手法，或者提升设计完整度等，来制造设计的新鲜感。这种新鲜感主要来自设计元素的情绪传达，如果某个范围的设计元素能达到这一效果，就可以选择这个范围的设计元素。这是一种比较简单有效的满足老顾客情绪价值的方式。

　　当然，能够有目标地做到这一点的品牌并不多。大部分品牌要么小心翼翼地守护着品牌基因不敢做出改变，类似款卖好几年，要么一改变设计元素，品牌的风格调性、需求基因就跑偏了，新款适合的消费者和曾经的老顾客完全不是一类人。

　　事实上，能做到有稳定的风格调性、需求基因，然后每季都有惊喜的、准确的、完整度高的设计，对于大多数品牌来说要求是比较高的。

## 向上流动，消费升级的积极情绪动机

　　有一种情绪需求，叫作向上流动，这是消费升级的积极情绪动机，是非常普遍的需求。

　　更好的品质、更好的品牌、更好的生活方式、更好的身份标签、更好的自我表达等，这种向上流动带动品牌、品类不断升级迭代，形成了消费升级的社会现象。

　　有人说，现在是消费降级，不是消费升级。其实，他们说的消费降级，指的是非理性消费减少了，没有性价比的产品消费减少了。今天市场供给充裕，很多消费者不再愿意购买高溢价产品，消费更理性了，但总体需求是增加的。

　　当下比较流行一句口头禅，"不是 ×× 买不起，而是 ×× 更有性价比"。很多曾经购买高溢价品牌产品的消费者，甚至是带着一种愤怒的情绪，转而寻找更有性价比的国货产品。这种貌似降级的消费，其实本质是消费意识的升级。

时代在改变，消费者既有向上流动的情绪需求，也有取悦自己的情绪需求，其需求价值观在变化。要求高了、不凑合了，反映在消费上就是，非必要的品类、没有性价比的品类慢慢没有市场了，消费者越来越注重情绪体验。向上流动正在以一种与过去不一样的方式出现，在新价值观、新情绪需求影响下，实用主义、复古、松弛、治愈，这些情绪需求正在改造着不同风格、不同定位的服装品牌。

有一种服装消费现象值得重视，即服装选购标准由俭入奢易，由奢入俭难。这也是消费者向上流动的消费现象之一。消费者一旦购买过有调性、有品质的衣服，即便消费能力下滑，其服装选购的标准也很难降下来。可以少买，可以不买，或者选择平替商品，但很难再选择很久以前的低价款式。这种现象会倒逼不同价格带的产品，意味着这些产品都有升级空间，以满足消费者的需求。比如，2023 年最火的服装风格就是大牌平替的简约风格。大牌平替市场的兴起，反映了大众基本款消费升级和中高端消费者购买预算下滑的重叠需求。

另外，向上流动，是真需求也好，是假需求也好，对于服装来说都是刚需动机，因为服装是身份的一种直观展示。看起来是一个怎样的人，混得好不好，用一身衣服来表达自己，成本是比较低的，尤其是社交场合需要的时候。服装不仅是个人选择的产物，更是社会价值观、文化传统、审美观念和个人心理状态的反映。可以说，服装是最容易反应社会价值观变化的商品。

向上流动和积极情绪，蕴藏着许多品牌升级翻盘的机会。

向上流动和积极情绪，带来了积极的消费价值观，这种典型现象还体现在区域层级市场差异方面。

一般来说，有四个消费阶段。第一消费阶段，模仿消费，或者说模仿大城市消费，注重形式化；第二消费阶段，大量消费、过度消费、追求豪华；第三消费阶段，个性化消费，具有多样性、差别化、多种文化价值观；第四消费阶段，无品牌消费、朴素消费、共享消费、本土消费。这四个阶段在不同层级市场中同时存在，复杂的层级消费需求中，向上的情绪需求暗流涌动。

**消费阶段的向上流动变化，蕴含的不仅是情绪需求，最重要的是新品牌出现、老品牌转型升级的市场机会。**

不同消费阶段同时存在，彼此影响、交叠，催生了细分品牌数量的增加，为消费者向上流动的情绪消费提供了更多的选择。与此同时，低价品牌通过提升品牌调性、品质，抢夺需求升级的大众消费者是近年来不容忽视的现象。

向上流动，是刚性需求，也是推动服装行业趋势的核心力量之一。

# 设计基因，品牌情绪诉求的原点

设计元素的选择和运用，是传达产品情绪需求的主要载体。一个产品要想有情绪感知，从设计阶段就要进行定义。

## 1. 设计基因是品牌情绪诉求的原点

服饰产品的设计元素，包括面料肌理、面料色彩、图案、廓形结构、线条、工艺、设计元素的结合方式等，都可以有情绪的表达。以色彩举例，比如白色，白色在视觉层是一个高明度、低彩度的颜色，白色在感知层是柔软的、轻巧的，白色在情绪层是纯净的、无辜的、不食人间烟火的，白色在人文价值层是有距离感的、高级的、圣洁的。如果利用白色在感知层和情绪层的特点进行设计表达，那么白色的款式呈现的就是这两个层面的设计效果。

比如，想要表达白色的轻和软，可以利用可爱的弧形轮廓造型和柔软细腻的质地，这样做出来的摆件、玩具，就特别能够体现白色在感知层和情绪层的特点，让人爱不释手。

再如，格子图案在视觉层是几何图形，在感知层是排列有序的、规则的，在情绪层是拘谨的、循规蹈矩的、没有新意的，在人文价值层是严谨的、传统的。格子图案排列有规则性，带给人拘谨、循规蹈矩的感受，如果将格子图案在感知层和情绪层的这些特点，与细腻的面料、修身的曲线廓形，以及夸张的褶皱袖型相结合，那么拘谨的格子图案看起来就会与众不同，很有新意，有一种传统与叛逆设计元素对撞的效果，带给人意想不到的惊喜情绪。

任何一种设计元素、任何一种元素结合的设计手法，都有感知层、情绪层的特点，在感知层、情绪层去思考产品的设计表达，才可能呈现一种感受张力。相反，过去很多设计师习惯在视觉层去思考设计，比如一个款式换一个颜色，一个款式换一个图案或换一种材质肌理，这样做出有感觉的设计的概率就比较低。设计师如果从元素的人文价值层去思考设计，就比较容易掌握不同场合和身份的风格表达。

每一种设计手法都会影响产品设计价值的传达方向。

**设计基因是把控品牌风格调性、消费者定位的管理工具。一个品牌的设计基因是传达产品情绪价值的原点，通过设计基因的运用，品**

牌可以表达自己的理念和价值，满足消费者的诉求。而设计元素的选择、设计手法的选择，都是在设计基因的框架下进行的。

## 2. 引发消费者情绪共鸣是关键

既然设计基因是品牌情绪诉求的原点，我们能不能让这个原点变得更符合商业逻辑、更符合目标消费者的需要呢？

我们看到很多设计师品牌，其产品的情绪表达相对比较饱满。很多设计师把自己的内心情感通过产品设计表达出来，设计基因很清晰，但问题是产品表达的情感不是消费者想要的。

我们也看到一些设计表达很老练的品牌，比如有些设计师品牌经过商业洗礼后，找到了消费者想要的诉求，开始把握稳定的设计基因，呈现稳定的产品情绪价值。

但是对于大多数品牌来说，他们更习惯在看到产品的设计结果后，再去感受产品的情绪。对产品情绪、产品风格背后的设计构成，大多数人不了解、不熟悉，甚至是在脑海中先有一种感觉，然后想象、临摹，再构思设计。他们并没有建立从消费者的某个情绪感知由什么元素构成、由什么设计手法构成的角度，来精准表达产品情绪的设计思路。再加上品牌战略、流量策略、盈利策略等战略能力的缺失，战略转化成设计策略，既而转化成设计标准的能力缺失，以及专业决策协作机制的缺失，让大多数服饰品牌很难做出精准表达目标消费者诉求的产品设计。

关于设计基因如何体现情绪诉求，总结起来有两个重点。

一是品牌要知道消费者想要什么，哪一种情绪诉求更容易与消费者产生共鸣；二是如何通过品牌设计基因定位、设计企划策略、设计手法，精准表达想要的设计感觉。

这两个重点理论上来说很清晰，但做起来对专业有一定的要求。大多数品牌都有比较大的学习、上升空间。

品牌过去一般是怎么做的呢？品牌一般是通过设计出款与人海战术，在更多的出款数量中挑选，推向市场以后通过投流增加曝光率，如果再不好卖就调货，或者打折降价，用这种简单的运营方式来让消费者选择。这是用被动选择解决需求匹配问题。表面看，满足消费者需求这事已经解决了，但是消费者要什么，什么情绪诉求容易引起共鸣，怎么精准表达产品情绪，大多数品牌还是蒙的。

这种简单粗暴的产品匹配消费需求的模式，给行业带来了巨大的资源浪费，比如设计出款环节、生产库存控制环节的低效运营带来的人工成本、资金成本的浪费。当然，客观地讲，这种模式做标品类是可行的，而做非标品类造成的资源浪费会特别大。

**从竞争阶段看，过去三年，如果有完整度高的好设计，就可以让品牌出圈。而现在至未来三到五年，品牌出圈不仅需要设计完整度高，关键是要设计出与目标消费者有情绪共鸣的产品。**

完善设计基因，完善商业设计效能管理，是每一个想出圈的企业的必修课。

## 铸牢共同情绪根基，提升品牌

竞争过度，市场会越来越细分，即便是流行趋势，也随着消费者的认知升级，变得越来越碎片化。全国普遍性的、非常明显的流行趋势几乎看不到，但是不代表没有影响力大的情绪需求带来的情绪消费，比如以下几类。

## 1. 民族情绪

尽管已经有很多年的国风、新中式的设计与消费小趋势，但由于穿着场景的限制、设计运用的不成熟，一直呼声大、雨点小。

但是，近几年我们感受到这个潮流趋势的声浪越来越大，从汉服、国潮图案在时装中的应用，到出现国风与流行共同演绎的流行风格，比如禅意风、仙女风等。这些风格采用了国风的飘逸大廓形，结合了具有现代感的面料和治愈情绪的色调，变得更适合现代消费者穿着。

传统文化中的元素太丰富了，现代服装对传统元素的设计应用一般停留在具象的视觉层，当然，一些传统国风的图案、廓形、领型等被运用到现在的服装中，已经有很多变化。这些设计元素在知觉层、感知层、情绪层、人文价值层的设计应用，还是一个巨大的蓝海。华流才是顶流，未来带有中国传统文化的元素，随着设计的不断延展会渗透到几乎所有的现代风格中，这是强大的民族情绪带来的流行市场。

国风可能是流行周期长达 10 年、20 年，甚至更长时间的流行风潮。这就是民族自信带来的潮流消费。如果一定要给这股国风潮流加上一个市场周期的话，当下属于萌芽期与上升期之间，远远还没有到达成熟期。

## 2. 道德情绪

道德消费，是人情红利的一种表现，因为我欣赏你的观点、欣赏你的行为，所以我愿意购买你的商品。

从鸿星尔克的野性消费，到淄博烧烤、哈尔滨冰雪大世界引发的城市旅游热点，再到娃哈哈创始人宗庆后的社会责任感的影响力等，因为欣赏和认同，因为有情绪共鸣，因为感受到了真诚，所以被信任，所以带来消费热潮……

这种和消费产品无关，但是和情绪体验相关的情绪消费事件，还有很多。比如关注胖东来，背后的情绪是我觉得你做得好、做得对，值得被奖励，所以我消费你。大家买蜂花，买其他国货，很可能是在发泄自己内心的"韭菜感"，通过这个行为表达对高价产品的不满。在服装行业，消费者放弃国际名牌包，购买国内小众品牌包，表达自己不被定义、追求自我的案例也有很多。

对于标品来说，品牌的拟人式定义，如情怀、道德、人格的塑造，或者相关事件的营销，都会引发消费者的情绪体验，进而带来消费。标品跨越消费人群圈层、应对消费价值观差异，最好的方式就是打造共同情绪需求。这是标品品牌扩大消费规模、增强影响力的必由之路，也是其不遗余力用产品情绪价值打造来代替营销情绪价值打造的本质原因。

## 3. 真实情绪

不装、不讨好任何人，接受自身和别人的差异，接纳自己，回归真实。表达真实的情绪，开始是年轻人的主调，今天已变成大多数人的共同需求。这种情绪需求在消费上的影响是显著的，不仅会影响消费者的风格审美偏好，还会影响其消费动机的稳定性。相信很多品牌都感受到了这一点。

回归真实，就是尊重自己的真实需要，选择适合自己的。选择适合自己的，消费者就不容易被品牌的营销带入，反应在市场上，就是营销角度的流量获取难度增加了。

一方面，通过互联网或其他资源平台，消费者可以迅速找到自己需要的信息，快速满足学习的需要，提升认知，一部分消费者的认知甚至远远超出品牌的认知。另一方面，消费者开始学会尊重内心感知，随着心情好坏会产生不同的购买动机。适合自己的风格本来是比较具体的需求，但由于消费者尊重自己的情绪，而情绪本身带来的风格诉求是不稳定的、变化的。

这两方面互相影响，可能会导致消费者减少消费，没想好就不购买，甚至干脆降低这种没必要的内耗，直接降低服装消费预算。相关数据也证实了这一点，国人过去一年平均减少将近 40% 的服装消费预算。可见，真实情绪带来了市场供给需求的不稳定。

真实情绪，会影响消费者的选择价值观，因此很多标品的价值诉求需要做出改变。真实情绪，会影响消费者的审美价值观，因此以情绪表达为导向的风格需要不断推陈出新。时装市场，在以情绪风格打造为中心的基础上，尽量做好私域圈层，以适应、尊重某个圈层的需求差异性。消费者的审美偏好与其自身条件结合形成不同的新需求，因此品牌细分的规模会越来越大。时装类品牌的市场规模很难回到过去单一品牌的规模，因为过去很多品牌，靠的是消费者放弃自我差异，由群体决策带来的大规模需求，这种现象未来很难再出现。

消费者回归真实、量力而行，让市场需求回归理性。模仿消费、过度消费带来的市场繁荣不见了，取而代之的是真实的存量市场。市场话语权彻底转移到消费者这边。

## 4. 取悦自己

与回归真实带来的理性消费不同，取悦自己，对自己好一点，是一种感性需求。取悦自己的情绪动机，可能会催生意想不到的需求市场，其在服装行业的体现就是，极具唯美的设计，甚至完全没有实用价值的风格，会有在圈内流行甚至畅销的趋势出现。消费者消费只为了喜欢、想要，不需要其他什么理由。消费者或许在日常刚需方面很节俭，但是遇到喜欢的商品，会冲动购买，只是为了取悦自己。

产品带给消费者取悦自己的情绪，属于真正的好设计。将艺术与设计基因结合，依然会有不错的市场影响力，比如唯美时装。很多消费者有健身和化妆习惯，是因为体型可以塑造得更好、五官可以更立体好看，同样道理，唯美时装也可以让消费者取悦自己，迎来比过去更有规模的市场。当然，取悦自己可以惠及的品类不局限于时装，可能会在很多品类中出现消费潮流。

以上几种情绪需求，是相对比较有规模的需求，服装行业会在消费者共同情绪需求的推动下，呈现多元化的市场形态。未来还会不断产生新的、更大范围的情绪需求，每一次有规模的共同情绪需求出现的时候，都是传统大众品牌升级的节点。各品牌可以着重关注这一点。

# 洞察消费者新的情绪需求

情绪需求，对于服饰这种有形产品来说影响深远。那么，我们应该如何洞察目标消费者的情绪需求？应该如何洞察消费者新的情绪需求呢？

一件服装的颜色、面料肌理、图案、廓形风格等，都会带给消费者一种感受。感受可以成为情绪需求吗？我们会把看到一款产品后觉得新奇、喜欢，想立刻买回去的感觉说成是情绪需求。我们提倡要尊重自己的感受，又推崇要管理好自己的情绪，做事要理性，两者好像是冲突的？

感受属于情绪的一部分因而不存在冲突，但两者并不能完全画等号。心理学理论中，情绪的完整组合有三点要素：感受、心理反应和肢体语言。那么，服饰产品的情绪需求价值由哪几部分组成呢？

*产品的情绪需求价值＝产品设计元素的感知层和知觉层带给人的感受＋对产品需求拥有与否的心理联想（包括产品实用性等*

*方面的衡量、价值评估）＋产品需求欲望的肢体语言表达（体验产品、表达自己、说出感受）*

这个公式，是我们给服饰产品增加情绪价值的方法论要点。分拆一下这个公式，我们可以理解为，一件服饰产品的情绪需求价值＝产品设计表现（产品设计元素的感知层、知觉层带给人的感受）＋产品功能、使用价值、选择优势等的衡量评估（心理反应）＋产品个性化诉求（肢体语言的个性化差异）。

一个产品能够形成情绪价值，不是这个产品有情绪就行，而是在满足消费者情绪需求之下，还必须要做好实用性、功能性的基础，具备某些业内优势，以及懂得目标消费者的个性化需要。

有形产品的情绪价值打造，需要有实用性的落地，需要有个性化需求规模的支持。

换句话说，情绪价值打造是让精准定位的品牌创造影响力并出圈的有力武器。但是，如果一个品牌的定位有问题，或者基本功不扎实，那么情绪价值打造就像是空中楼阁，可能会费力不讨好。当然，如果你的产品没有情绪价值，可能销量会更差。

不可避免，大部分企业都需要对消费者的情绪需求进行洞察，进而升级品牌产品的情绪价值。那么，怎么洞察消费者的情绪需求呢？

## 从自媒体内容中发现情绪需求

有很多种方式能够获得消费者的需求信息，比如通过查看过去的数据，来了解消费者买过什么、哪些消费者在购买、购买的产品有什么特征等。但是，如果想要了解消费者未来会买什么、消费者未来的需求喜好，比较好的方式是通过不同消费群的意见领袖和消费者互动信息，分析和判断消费者的潜在需求。

很多产品开发者经常泡在小红书、各种直播间里，以便从中发现一些需求机会。那具体来说，怎么分析、怎么判断、怎么快速洞察呢？下面是我的一些工作心得，分享给大家。

### 1. 趋势价值观情绪、刚需痛点情绪、需求痒点情绪

首先，洞察情绪需求要区分趋势价值观情绪、刚需痛点情绪、需求痒点情绪。

趋势带来的消费者价值观情绪，影响面比较大，波及的消费群规模大。比如某年秋冬的色彩流行趋势，往往代表的是大范围的消费心理和心境。你需要记录趋势下代表消费者心境的关键词。一些符合目标消费者身份的新价值宣言，也属于趋势类情绪需求，比如无龄感穿搭、拒绝年龄标签、只谈思想品位、新的生活态度等，这类关键词也值得记录下来。这些趋势推动下的新价值观情绪诉求，往往都是品牌产品基础框架要考虑的要点。

刚需痛点情绪，往往来自消费者对一些品类的吐槽，比如对搭配专业性不够的吐槽、对新中式设计的吐槽、对品质和做工的吐槽等。你可以根据自己的品类酌情记录消费者关心的关键词，以避免品牌产品研发或营销走入自嗨模式。

需求痒点情绪，是消费者潜在需求的重点。对某品牌设计的羡

慕、对某个设计风格的欣赏、对某个博主审美品位以及观点的认同，消费者这些没有被满足的需求痒点往往是对应品类的升级方向。你可以把这些与目标消费者相关的需求痒点的关键词记录下来，并进行分类，看看哪些可以通过营销来解决，哪些需要通过产品研发来呼应。

当然，关键词的搜集可以通过自媒体，但自媒体账号的数量需要满足你了解某一类需求的要求，来确保你搜集的关键词有一定代表性。比如，我需要洞察中高价位的时装包的消费者的情绪需求，因为这个群体很散，我首先需要把符合条件的竞品中80%以上的账号进行分析，才能从中梳理出几条经得起推敲的线索。可见，在情绪洞察中，需要足够的量来验证不同情绪需求的分类规模与分布。

## 2. 发现情绪需求的动机和落脚点

洞察情绪需求，还要善于发现情绪需求的动机和落脚点。

除了善于总结归纳情绪需求的分类之外，还需要分析某类情绪需求的动机。

比如，消费者对新中式设计的吐槽，动机是想要穿新中式，但由于一些设计运用中式元素的方式过于陈旧，使中式元素和现代穿搭风格形成了截然不同的对立面。这种吐槽，不是没有需求，而是嫌弃设计。

相反，消费者对低价品牌的吐槽，往往是因为购买了不实用的时尚款、设计显胖、穿搭不方便、造型成本高等。这种吐槽，本质是消费者对低价品牌没有了需求，需求价值观换到另外一个频道。如果是这样，你就要接着去看相关数据，看看这种吐槽是否存在普遍性，这可能会影响品牌的战略调整。

洞察消费者的需求时，不管是哪一类需求关键词，除了一定要论证该关键词的代表性之外，还需要关注其落脚点在哪里。

比如，一种较普遍的情绪诉求——高级唯美。你对比分析了多个自媒体的内容后，发现高级唯美是在实用主义趋势的推动下演化而来的更好更美的情绪需求，表达这种高级唯美可以通过休闲松弛的创意单品，比如西装款风衣，需要又很帅又有力量感的审美情绪。那么，你捕捉到的就是要用有力量感的方式去表达女性的美，这里的情绪落脚点就是产品设计表现方向。

**任何情绪需求，都会有对应的需求动机、情绪落脚点。你可以从消费者需求关键词中，发现你的品类的消费者需求机会在哪里、是什么。**

在洞察情绪需求的时候，重点在于区分自媒体属性和所获取信息的价值方向的差别。

举例，销售型博主一般通过明确的产品卖点，来吸引消费者。这一点可以帮助你了解竞品的水准和认知，但大部分信息可能并不是你的品牌未来想要的。有品牌背书的博主，其观点会带入品牌的价值诉求，浏览这类信息并注意取长补短，关键是看品牌的价值诉求和消费者互动，有没有有价值的反馈信息。

洞察消费者的情绪需求，要关注真正的意见领袖，因为能够代表消费者视角的观点才值得被记录。另外，一些相对权威的机构发布的信息，也比较值得重点推敲。

洞察消费者的情绪需求，可以在每个月的固定时间来做，这样你就可以从时间轴角度，来梳理消费者需求关键词之间的关系。经过一段时间的研究，你就会对目标消费者的需求越来越有掌控感。

## 共情力，最有效率的洞察力

洞察消费者的需求，最直接有效的方式就是与消费者共情。

共情和同理心不同。同理心，是说你要知道对方有什么样的情绪和感受。共情，是说你要跟对方有同样的情绪和感受。你看到小张害怕，这叫有同理心，你可能会安慰她"别害怕，没事"。而如果你能够跟她共情，你的反应是"真是可怕啊，我也被吓坏了"，共情是急他人所急、想他人所想。

服装领域，拥有共情力的最好方式就是产品设计者和产品使用者是"同一个人"。很多品牌主理人就是把自己的审美情绪、场景刚需特点、穿着体验细节，以及穿着心境变化，都融入自己的产品，让产品拥有了一份鲜活和真实。当然，这种需求有普遍性才有商业价值。

如果总结归纳的话，审美情绪、场景刚需特点、穿着体验细节、穿着心境变化，这几个与消费者共情的要点，是客观的一面。如果你的角色不是品牌主理人，如果你负责研发但并不是产品使用者，理论上讲掌握这几个要点，你也能最大化做到与消费者共情。实在不行，每个月拿出固定时间，泡在目标消费者的社区里，像上一小节讲到的关键词搜集那样，用这样的方式也能找到一些感觉。

不过，服装行业的上游面料纱线、生产研发、品牌运营、营销销售，是相对分工比较多的领域。不少产品研发者或营销推广人员并不是产品的使用者，甚至对产品消费者完全没有感觉，只是职业人。尤其是一些规模企业，岗位分工让产品研发、营销等变成了流程环节，产品往往失去与消费者共情的微观体感。这种现象，对于产品的精准打造来说是一个非常大的挑战。抓住以下这几个可拥有共情力的要点，有助于企业更好地应对这一挑战。

### 1. 审美情绪

审美情绪，指消费者的美感和喜好。由于年龄、场景、审美认知提升、心境等客观因素的影响，消费者对美学的需求会发生变化。

通过不同需求动机、需求情绪关键词的梳理，以及与设计美学所涵盖的设计手法、设计元素等设计基因的量化，可以实现审美情绪的精准表达。想要与消费者的审美情绪共情，首先要学会量化感性的审美需求，或者用消费者能听懂的语言来沟通审美、调性的需求。

### 2. 场景刚需特点

场景刚需特点，包括消费者场景角色的变化，以及社交动机的变化带来的场景需求重点与细节的特点。

比如，以往社交时不自信，希望通过穿着搭配的代入感来提升自信心；而随着经验增加，或者心境不同，社交时的穿着搭配只是为了体现对场合的尊重，或是表达自我的一份随性。这种需求场景的价值主张转移，是建立产品共情力的关注要点。

对场景刚需特点的洞察，是大部分服装品牌争取消费者喜欢的最有效方式。因为对于实用主义、理性消费价值观下的服装需求，社交场景中的情绪需求是推动消费者购买的主要动力。社交场景中的情绪，有实用性、利益的推动，因此更容易转化为购买欲望。

### 3. 穿着体验细节

体验细节，可以理解为品质层面的细节，也包括设计质量层面的细节。体验细节的微观体感洞察非常容易做到，只要用心，每个专业人士都有这种能力。板型方面有没有更人性化的升级空间、舒适度和品质方面有没有优化空间、使用功能升级方面有没有上升空间等，这些从品质、体验角度的洞察如果做不好，很可能是因为成本压力，或者管理缺失，或者经营者本身就不想做好。

对体验细节的重视，往往源自经营者的理念，而不是这件事难不难做。

### 4. 穿着心境变化

场景社交中的心境变化，不仅会影响消费者对服装功能的需求，还影响服装的价值诉求。除了这一点，穿着心境变化还包括非社交场景中的其他心境变化，比如取悦、治愈、多巴胺，都涉及对内在情绪、心境的关注和调节。

另外，生活方式、态度变化，社会层面的价值观变化也会影响心境。需求价值观变化影响的往往是一个时代的更迭。

消费者从微观体感角度看心境变化，就会对一些设计细节、风格调性有更细腻的理解，比如色彩的微妙变化对感受的影响，或者自我体貌特征的微妙变化对心情的影响等。微观的需求变化，看似小事一桩，实则最容易给人带来意外情绪，所以品牌重视细节往往能博得消费者的信任。

**与消费者共情，可以帮助品牌踩准需求变化节奏，让企业获得更稳定的预期。**

品牌企业可以和第三方研发机构建立更紧密的合作关系，把远离消费者变成协同洞察消费者，以获得多方共赢。

# 从同质化生成机制中思考情绪需求机会

如果没有影响消费需求，那么行业操作层面的同质化不是大问题。当同质化影响了消费欲望、减少了消费需求的时候，或者同质化让某些有特点的商品受到追捧的时候，隐藏在同质化背后的机会就值得想要突围的企业深入思考。

## 1. 同质化是如何形成的

服装行业同质化是怎么形成的？客观来看，有以下几个原因。

第一，缺乏创新设计。

缺乏创新设计，并不是设计师没有创新设计，而是企业没有把商业目标量化出来，并通过创新设计来解决市场和需求问题。

有些设计师的创意从商业角度来看是不完整的，品牌如果采纳会具有极大的市场风险，企业也没有能力、没有耐心指导或规范设计师的创意如何更接近市场，因此大部分的创意被打入"冷宫"。然后，设计师只好按照企业已经商业化的路线进行类似模仿开发。

销售的眼光，一定程度上决定了设计师的设计方向。销售决定设计方向并没有什么不好，但是很多销售只能看懂过去什么产品好卖，而过去好卖的大家都看到了。销售无法和设计师说清楚未来会好卖的是怎样的设计，所以设计师跟随销售的目标进行设计，往往是较保守的，很难做出创造市场、创造需求的设计。

第二，市场竞争压力大。

竞争激烈，为了降低成本、提高效率，许多企业选择模仿成功品牌的设计和生产方式，导致同质化。另外，企业为了追求市场份额和短期利益，也倾向于选择跟随市场潮流，或保持现状，而不是投入资源进行创新研发。

这里的驱动机制就像是一个死循环，越同质化，利润越低；利润越低，越没有能力投入创新研发。

第三，消费者的需求变化。

很多企业没有意识去做消费者需求洞察，还沉浸于过去按需生产、自嗨开发，然后推广试错的模式。做不到及时捕捉消费者的需求变化，企业更没有方向，往往导致跟风研发。

第四，供应链管理问题。

服装行业的供应链管理涉及多个环节，包括原材料采购、生产、物流、销售等。在这个过程中，如果企业无法有效整合和优化供应链资源，就会导致产品品质和成本等方面的差异性降低，进而加剧同质化现象。

第五，目标消费群定位相似。

大部分服装企业的消费群定位比较粗糙，停留在年龄层、价格带、风格调性等较大的框架下。粗犷的定位，产品差异化不明显，市场竞争激烈。这种定位上的同质化使得一些实力稍弱的企业难以在市场中立足，甚至可能面临全盘皆输的风险。

第六，决策模式同质化。

除了以上之外，决策模式也是形成同质化的主要推动因素。

比如很多品牌内部的商品企划和设计企划无法打通，双方沟通起来驴唇不对马嘴，商品企划部拿一堆数据做企划，设计企划部推一些故事讲计划。数据和故事很难打通，各自理解需求的语言体系和思维不在一个星球，导致消费者需求策略和产品设计目标的方向模糊不清，缺乏具体内容。

再如设计师出款设计流程，往往是先去搜很多图片，或者去市场上看竞品在做什么，或者去面料市场转一转，找到感觉后开始画图出设计，然后把做的系列设计让主管评审，这个过程没有任何消费者需求方面的洞察、思考，从需求企划角度来看是不完整的。另外，设计任务通常很紧张，如果设计初稿不通过，重复设计可能因为开发时间短，效果也不会好到哪里去。

你可能会说，现在有 AI 设计，一天就能出款图几百张，不存在这个问题。AI 设计对于大部分企业来讲，主要目的是节省设计师人力成本。节省下来的人力，其实可以很好地用来做消费者需求洞察和精准设计的打磨，但是能意识到这一点的企业目前还很少。据了解，某传统品牌因为有了 AI，设计师变成选款师，并没有意识到减少设计研发成本后，应该把精力放在商业设计创新方面。没有商业设计创新企划，筛选 AI 设计的眼光就还是传统的。

**行业的同质化，本质是决策模式的同质化。如果你跳出来，采用不同的决策思考模式，那么不仅可以洞察消费者需求，跑赢竞品也是很自然的事情。更何况，不同品牌的趋势时机、风格调性、盈利模式、决策方式本身就是一体化的，每一个品牌客观上都有不同的基因。**

### 2. 同质化背后的情绪需求是一种机会

如何从同质化生成机制中，洞察情绪需求机会呢？

由于竞争压力带来的同质化，本质上是保守主义决策导致的。表面上看，选择永远都能卖的基础款，从销售周期角度来讲是安全的。实际上，销售周期长、比较实用的产品款式，从竞争角度来看恰恰是供给过剩的，而且消费者的需求欲望和需求频率都是较低的，因为过时的基础款是一种纯理性需要。从这个角度，我们可以去发现实用性基础款和什么创意结合，能够成为有新鲜感的实用主义。**有创意的实用主义会是市场竞争过渡阶段的特效药。**

抄改仿、缺乏创新能力带来的同质化，本质上是辨别趋势机会、归纳需求的能力比较低，设计水准比较低。这种情况会导致出来的产品款式遭到消费者嫌弃。从消费者需求认知高度的角度看，可以匹配消费者认知或者高出消费者认知的设计，会吸引到目标消费者。这一点需要更高的设计水准，可能对于很多企业而言很难做到。

只会模仿，缺乏洞察趋势机会的能力，不擅长做需求企划，有一个简单的办法可以解决，那就是去发现趋势的反面是什么。比如实用主义的反面是取悦自己的享受消费，比如中性风大行其道的时候，浪漫女人味的风格也卖得很好。反流行本身会激发消费者怀旧、叛逆的情绪。当然，这个办法对很多品牌来说并不适合，需要根据实际情况酌情运用。

不擅长洞察消费者的需求，做不出正确的需求企划，是导致同质化的主要原因之一。

**每一个行业执行问题的破解，可能都隐藏着某些未被满足的情绪需求。**

以上同质化问题中提到的每一个原因，以及背后的问题，如果你去解决，从中会获得对应的洞察情绪需求、满足情绪需求的能力。这里就不逐一展开了。

## 利用空间氛围生成情绪需求

空间氛围是创造情绪体验的载体，一个全新空间的打造，可以让消费者瞬间体会到没有任何预期的情绪。比如天然温暖的元素设计，会让人情绪放松，从而激发对生活的积极情绪。相反，不好的环境空间会带给人消极情绪。所以，服饰行业在线下体验和线上视觉的打造上一直投入较高。以体验和视觉形成感受冲击力，激发消费者的情绪需求。

### 1. 脱离品牌定位的空间设计是空中楼阁

如何通过空间激发情绪，促进消费者的情绪需求，是一个非常专业的领域。另外，空间情绪打造和品牌价值理解密切联系，这不仅需要空间氛围中所用的设计元素表达精准，更重要的是品牌本身有清晰的价值理念定义。

比如，奢侈品和高端品牌崇尚高级尊贵的身份与生活方式，他们用高品质的材质和工艺来表达高级，用简约的设计结构来表达化繁为简的品位追求，用象征身份的色彩、图案等元素来表达身份的尊贵等。奢侈品牌往往通过空间氛围中的社会身份符号，强调自己的价值诉求。空间氛围不仅可以表达品牌价值诉求，同时也会激发消费者的情绪需求动机。

商业业态中，空间氛围的运用无处不在，但对于细分品牌来说，面对的考验往往不是空间怎么设计来表达情绪，而是品牌的价值诉求模糊，没有想清楚通过空间氛围来激发消费者怎样的情绪需求动机，模仿跟风者众多。

举例来说，做一个时尚女装品牌，产品风格本身就是模仿的，款式是同质化的，**品牌没有深入思考过自己在消费者心目中不可替代的优势是什么，没有想明白要输出怎样的价值诉求，那么所有的商业空间让人看起来就是空中楼阁，没有说服力，更生成不了情绪需求动机。**

服装行业的商业空间设计，很多人比较看重的是动线和美学的表达。动线很重要，科学的动线设计可以有效引导消费者逛遍店铺所有角落，这是从让消费者看得见的角度思考的。而从情绪需求角度，空间设计则是从激发消费者购买角度思考的。两者需要结合。

空间动线的设计，可以在不需要品牌价值理念的情况下设计出来，但是空间情绪生成的设计，需要品牌价值诉求、产品价值诉求、空间情绪生成设计策略统一才能做到。所以，很多品牌的定位是否想通透，我们通过其空间设计就能看出来。

### 2. 空间情绪策略要与时俱进

从服饰产品需求角度，空间中的设计元素，表达什么风格，这种风格可以激发人怎样的情绪感受，这种情绪感受又是如何影响服饰产品的需求情绪的？这是一个系统连贯的决策过程，我们不能断章取义，觉得什么好看就做什么，空间的情绪生成和产品需求如果不产生关联，那么就是一个失败的设计。

在餐饮环境中，成功的空间设计案例比较多。比如，明快对比的色彩和嘈杂的音乐，空间情绪是快速地就餐、快速地离开，快餐店很多采用这类设计；温暖的色调和优雅缓慢的音乐，空间情绪是休闲放松；等等。

但是，在服饰的实体空间中，一个店铺或者一个品牌的价值诉求，通过空间准确表达，并激发消费者的情绪需求动机，成功的案例就没有那么多了。

餐饮是服务行业，服务意识强，而大部分服饰品牌实体店的服务意识相对较低。实体店缺乏体验和情绪感受，消费者如果追求购买效率还不如在线上购买。实体店需要从消费者选择效率这个角度去思考商业模式，去思考如何利用空间生成情绪，来吸引消费者进店并激发其购买情绪。对于服饰细分品牌来说，这里有巨大的成长空间。

　　举例，利用拥挤的堆头设计，来激发消费者淘货"探秘"的情绪；利用品类关联陈列打造自由方便组合，来激发消费者的便利需求动机；把服装货架的高度设置在普通消费者视线略仰视的高度，可以让消费者体验更好的感受，激发消费者的试穿欲望；等等。

　　空间可以影响消费者的购买体验，也能生成需求情绪，这方面有很多种策略。当然，**空间情绪策略需要与时俱进，不是装修旧了换成新装修那么简单。**

　　快闪店或者概念店，是重视空间表达的，往往作为比较超前的诉求存在。大部分概念店的空间都可以吸引人们的眼球，毕竟过去一直都是眼球经济，争夺消费者关注度是第一要务。在"心"价值的时代，争夺眼球成为常态，但抢夺眼球并不代表能够抢到消费者的信任，还需要触发情绪、打动内心、激发需求动机。

　　一个快闪店或者概念店，不能只考虑刺激眼球的艺术设计，还要考虑选择哪一种艺术设计才可以激发消费者的情绪需求动机。这种情绪需求动机，恰恰是品牌价值理念、产品使用体验诉求的情绪价值。而这要从品牌定位的角度去思考，不是空间设计在没有明确方向的条件下能独立完成的。

　　关于视觉，线上视觉设计和线下实体店空间设计的逻辑是一样的。只不过视频、图片的视觉表达，比空间情绪生成来得更直接。视觉设计的重心是表达产品价值诉求的同时，生成关联情绪需求动机。

　　什么产品的视觉设计需要艺术表达下的落差感呢？答案是日常用的基础单品，比如内衣。过于平淡无奇和日常的刚需标品，需要艺术来拉高表达，来生成消费者需要的积极情绪。因为是刚需平价商品，消费者没有选择压力，而高级艺术化的表达可以激发消费者的情绪需求动机。相反，比较独特、具有艺术化的时装，则需要功能性、日常感的视觉表达，来传递产品艺术设计与生活接地气的独特需求情绪。这种对立面的视觉设计策略，目的主要是降低消费者的心理选择成本。

如果你的产品诉求是差异化的细分市场，比如专注做适合女性梨形身材的裤子板型，那么你的视觉设计一定是以表达产品板型、面料、设计细节、适合人群特点等比较务实的视觉信息为准。你的产品诉求是功能性需求，你要降低消费者选择压力的最好方式，就是把每一个人性化设计或产品具体的体验要点都说清楚。

你可能会想，服装行业线上退换率特别高，视觉设计做得好也没什么用。实际上，退换货频次高、比例高，80% 的问题往往来自商家。

比如：视觉图片说得不清楚、优势夸大劣势不讲、视觉图片"照骗"现象严重、货不对版算其一；产品品质不过关、款式设计贪大饼、希望一个款卖给所有人、产品专业性不够是其二；品牌价值诉求模糊、吸引流量人群不聚焦、人不对货是其三；对消费者的试穿体验缺乏信息搜集、缺乏客户服务管理是其四。如果以上四点没做好，视觉设计再好也于事无补。只有做好最基本的，再来谈视觉设计如何生成情绪需求才是可行的、有效的。

> 利用空间、视觉生成消费需求情绪，为品牌产品的价值诉求推广赋能；过去重在信息传达，而今天重在激发消费者的情绪需求动机。

## 创造积极情绪

**未来很难有把一个款卖给所有人的"爆款"现象，但是会有把一种积极情绪卖给所有人的畅销情绪现象。**

服饰类商品自带情绪属性的元素，选择什么色彩、什么图案、什么风格，本身就是一种情绪表达。选择向上的积极情绪会是一个更确定的情绪需求趋势。向上的积极情绪，指的是活力的、高级的、稳定的、安全的、开心的、治愈的、自信的、更好的、更美的、可信任的等能让人产生正能量的情绪，适用于很多情境、心境，因此可以获得更大范围的好感。

服装行业是"日不落"行业，如果你的设计能创造积极向上的需求情绪，你就会有层出不穷的市场机会。

自信，让很多有"问题需求"的消费者（比如长得不标准、体型不标准等）与所有普通消费者一样，也可以选择与时俱进的流行服装风格。这种自信的情绪需求本身就是一种刚需。医美、健身近些年火热，也是因为可提供消费者此类积极的情绪需求。服装行业中，小个子、微胖女孩的产品热销就是典型。解决问题、提供解决方案式的产品，可以让目标消费者获得情绪自信。

从宏观层面看，民族自信带来的爱国消费、国潮消费，也是一种国家层面的自信情怀。

稳定的、安全的情绪需求，来自降低选择成本的动机，比如稳定的品质、稳定的设计质量、稳定的价值理念、稳定的服务、稳定的品牌优势位置等，主打一个让消费者闭眼入。

更好的、更美的、更高级的，本身就是积极向上的情绪。人们压力越大时，越能体会到积极情绪的珍贵。只不过在大环境下，你要甄别消费者积极向上的情绪需求是为了取悦自己，还是出于真实健康的消费、价值观变化带来的消费，或是降级消费。积极向上的情绪只是多种情绪中的一类，不代表全部。所以随时洞察目标消费者的积极情绪需求，可以帮助品牌发现消费者的潜在需求，抓住畅销机会。

**创造积极情绪有巨大的需求市场，其中细分市场也有很多。创造积极情绪需要从选择设计元素时开始思考，因为一个设计元素就代表某一种情绪感受。**

这里有一个重点，要想创造一种情绪需求，能够完整地表达某种情绪是关键。商业设计不像艺术设计那样，可以为了表达而表达，为了艺术而表达，商业设计往往需要满足"既要、又要、还要"的商业需求。

从消费者需求角度来看，商业设计的情绪表达是建立在满足功能性刚需和差异化需求条件的基础之上的。在大的方向上，商业设计还需要满足品牌需求基因、战略策略的需要。因此，让服装拥有情绪，需要在设计元素选择、工艺品质把控，以及设计手法上，有更清晰的表达方向。

满足消费者需要的情绪和品牌要求的设计，需要设计者有商业悟性，更要有善于把控设计专业层面的功底。从这个角度看，看起来很"卷"的服装行业，未来还有很多专业层面的上升空间。

当然，不仅是设计吸引力强的产品可以创造积极情绪，通过前文讲的空间设计表达积极情绪，或者讲好品牌故事、运用营销社交媒体的推广策略等，都可以创造积极向上的情绪，激发消费者购买欲望。

# 构建品牌的情绪价值

服饰时尚产品本身自带情绪价值属性，不管是怎样的产品设计，都会带给人对应的情绪感受。而且，为了畅销，可以通过模仿跟风来实现所谓的畅销风格设计，至于畅销的情绪是什么，这种情绪是在什么设计理念下做出来的，怎样的设计手法才能表达这种消费需求情绪，大部分模仿跟风的企业可能并不关心这些。

服装行业的投机者破坏了产品研发人员创新设计的热情，也让这个行业竞争更激烈。我们知道，流量为王让企业的投入都涌向了营销端，企业没有好产品，或者说没有研发受消费者欢迎产品的能力，拼流量只会让成本更高、竞争力更差。

如果抛开企业研发体系完善不谈，单独从产品研发设计环节考虑，有没有提升品牌产品情绪价值打造的方法呢？下面是我总结的一些要点，供大家参考。

# 品牌如何塑造高情绪价值

什么是品牌层面的情绪价值？

品牌层面的情绪价值，指品牌通过传达情感、情绪和体验，与消费者建立情感连接，让消费者拥有忠诚度，从而影响消费者的购买决策，树立品牌形象。品牌通过创造与消费者情感上的共鸣，塑造独特的品牌形象和情感体验，从而获得竞争优势。

## 1. 品牌层面的情绪价值

品牌层面的情绪价值，包括以下几个方面。

### （1）品牌认同与情感连接

消费者对某个特定品牌产生情感连接，将品牌与个人价值观、个性特点或情感需求相结合。这种情感连接可以增强消费者对品牌的忠诚度和信任度，从而提高品牌的竞争力。

比如，娃哈哈创始人宗庆后的与人为善，激发了民族消费主义情怀，提升了消费者对品牌的信任度与忠诚度。这种特定的品牌情感认同，是只属于娃哈哈的。

### （2）情感满足与体验

品牌通过提供愉悦、舒适或积极的消费体验，满足消费者的情感需求。这种情感满足可以使消费者在与品牌互动时得到正面情绪，从而增强消费者对品牌的好感度，增强品牌的吸引力。

这个层面的情感满足，需要通过产品的价值诉求来传递，品牌研发设计的理念和品牌希望满足的消费者情绪要一致。品牌需要消费者需求洞察和产品研发设计精准表达两头抓。这一点，是本书一直强调的。

### （3）情感识别与情感共鸣

品牌通过情感元素、品牌故事或市场传播方式等策略，引发消费者的情感共鸣和情感识别。情感共鸣可以使消费者更加深入地了解品牌，从而与品牌建立更加紧密的情感连接。这个层面的情感共鸣，一般在标品领域的营销传播中使用，比如服饰领域中的运动服、内衣等品类。

## 2. 构建品牌情绪价值

但对于细分领域的品牌来说，要选择怎样的情绪价值作为品牌的情绪价值呢？情绪需求，有的需求周期长，有的需求周期很短。细分品牌一般没有那么多预算来做品牌情绪价值营销，细分品牌如果已经在消费需求群体、需求功能、需求价值、需求审美等方面有了清晰的定位，结合产品诉求选择关联的需求情绪，然后围绕这个需求情绪打造品牌情绪价值就没那么复杂了。

比如某线上时装包品牌，品牌产品研发灵感来自中国古代建筑的结构设计，表达中式结构设计美学，于是产品本身的美学就有了轻复古和国风的审美价值，传承民族文化的自信，这是一个很自然的过程。

细分品牌的情绪价值构建，从产品研发、设计创意时就开始了。

**细分品牌的产品研发、设计创意，是品牌情绪价值创造的原点。**

因此，设计创意这件事，绝对不是设计师随便一个创意故事的天马行空，而是要从情绪需求趋势的视角去寻求适合的创意源，然后在产品设计中落脚，品牌的情绪价值传递才是饱满的。

关于创意源的管理运用，目前我们已经有了成熟的方法体系流程。创意的过程是可以被管理的，也是可以批量生产的。某些 AI 设计可以生成设计，这些生成设计就是基于某些关键词下的图片训练 AI 生成的。人类操作如果有关键词方向的创意，不仅创意可以做到批量化，还会更精准，这是完全可以实现的。这里就不展开讲了。

构建品牌的情绪价值，对于大部分中小企业，尤其是细分品牌来说，本质上就是打通产品研发设计、消费需求、市场策略、品牌定位等，建立需求导向和品牌战略结合的决策体系。而建立决策体系的前提就是量化需求，把市场需求、品牌战略需求、品牌基因需求，以及目标消费者需求都量化出来。量化的结果，一开始是一堆关键词，然后将其变成具体的方向，再把方向变成具体的设计基因，最终通过设计质量管理落地设计研发的创意。这是细分品牌生存发展的核心要素，因为我们看到过太多的产品研发不匹配渠道、产品研发不匹配消费者、设计研发不稳定不精准带来的品牌短命的案例。

构建品牌情绪价值，重点不是选择哪一种情绪价值，而是品牌拥有通过组织体系精准满足消费者情绪需求的能力。品牌一开始可以由创始人的直觉来掌控，但要持续发展，品牌需要这种组织体系，需要系统化精准应对消费者情绪需求变化和市场需求变化的应变决策能力。大部分品牌老化的本质，就是因为组织没有锻炼出这种体系能力。

> 洞察消费者情绪需求、满足消费者情绪需求、创造情绪价值、构建品牌情绪价值，这些目标落地需要通过企业组织体系来解决。正所谓："偶尔的畅销靠运气，持续的畅销靠体系"。

## 最安全的情绪价值打造方法是什么

设计完整度表达，是最安全的情绪价值打造方式。

设计完整度是一个用来评估产品设计在多大程度上满足其预定要求、目标和功能的指标。它涵盖了设计的各个方面，包括功能性、可用性、美学风格完整性、经济性等。

一个设计如果能够在这些方面都达到或超越预定的标准，那么就可以被认为是设计完整度较高的。比如一个服装款式的面辅料的选择是不是严谨，面辅料的工艺标准是不是符合一件单品的设计理念，面辅料的功能性、可用性、风格协调度是不是达标，裁剪结构、设计元素的运用是不是在充分实现功能性、可用性的同时有精准的美学风格表达及经济收益……

多年连续受欢迎的经典款，往往是设计完整度比较高的款式。另外，经过多个流行周期依然受欢迎的经典风格，也往往是在文化、美学方面的设计完整度比较高的。

设计完整度高的产品，对于大部分企业来说，往往是多年总结沉淀出来的优势款。这种经过市场验证的优势款，其中具备综合的客观评估标准，但由于有品类、款式的局限性，可能大部分企业很难把优势款的完整度标准抽离出来，用于其他品类的开发与评估。这是有客观原因的。服装领域的产品设计研发，由于每个单品销售周期短，一年需要的产品研发 SKU 较多，时间短、任务重，很多款式的设计没有精心打磨的时间，导致大部分产品设计的完整度没有形成不断升级的标准。大部分企业比较缺少把设计的理性标准和感性标准进行量化管理的措施。尤其是还有从节约成本角度的考虑，甚至策略式的"懒人"研发，导致市场上充斥着大量完整度低的产品。当然，这从竞争角度来讲也是一种机会。

对于服饰而言，设计完整度，不局限于单品，还包括风格、整体穿搭的完整度，甚至系列风格设计的完整度。

一个服装风格的创新设计，如果在整体穿搭方面效果有些勉强，那么再优秀的单品在销量上也会打折扣。这是由服装穿着体验功能决定的。让一件衣服百搭是一种需求，让一个风格搭配完整，同时具备功能性和可用性的设计完整度的整体感，同样是一种需求。风格的穿搭设计可以把消费情绪、社会社交等包含在其中来表达，如果同时注重面辅料、设计完整度，兼顾功能性与可用性，那么就很可能会成为经典风格或者畅销风格。

**设计完整度，本身就是一种产品优势。扎实的做工、精湛的设计，叠加符合消费者需求情绪的表达，就是品牌出圈的有利条件。**

提高设计完整度，不仅是因为竞争需要，更是因为完整度高的产品销售周期更长、消费者信任度更高，品牌的影响力也更大。因此，提高单品、风格穿搭、系列结构的设计完整度，是最安全的消费群策略。

设计完整度的评估，包括材料选择、结构设计、工艺性、成本、美学风格表达、设计创意等方面的评估。这个过程可以通过设计评审、用户测试、模拟分析、原型验证等多种方法来实现。通过这些方法，设计师可以收集关于设计性能、用户反馈、潜在问题等方面的信息，从而对设计的完整度进行全面评估。这个评估，如果结合竞品调研和消费者需求洞察，经常更新升级评估标准，那么就可以帮助品牌最大化延长产品的畅销周期。

一个品牌，可以为每个品类中的基础款、基因款设置完整度标准，为每一个风格系列设置款式结构的完整度标准和穿搭整体设计的完整度标准，以及单款风格美学设计的完整度标准。在功能性、可用性、美学风格表达完整性方面设定的标准，越清晰、全面，越好。这一点可以结合品牌的产品基因管理体系进行落地管理与执行。制定设计完整度评估标准，本质是量化设计的一部分，这会让设计团队更有方向感，从而提升设计创新质量。


## 怎样的差异化是有效的


记住，不做没有需求概率的差异化。

拒绝同质化，要做差异化，服装行业内经常听到这样的声音。有很多经营者，以自我需求为视角，觉得市场上没有自己满意的产品，要做市场上没有的，尤其是满足自己品位的产品。他们认为，这种差异化就是商业机会，而从销售结果来看并非如此。

**从市场角度看，差异化战略可避开同质化竞争，但并不一定有利于企业获得竞争优势，有清晰的产品优势才能赢得竞争。而产品优势需要有目标参照对象才能体现出来。这里我们不是讲单纯的差异化，而是要知道，比竞品具体好在哪里，怎样的好才可以赢得消费者。**

差异化是不是有效的，如何评估？

从消费者需求角度看，没有需求规模、需求概率的差异化是没意义的。比如一个喜欢极简风、身材高挑的经营者，在南方某个城市生活，发现自己想在当地实体店买衣服比较难，于是就想创业做一个极简风格、宽松板型的买手店。这个经营者觉得自己发现了商机，岂不知南方这个小城中的消费者骨架偏小，如果真要做区域店铺，适合的消费群规模可能根本就覆盖不了成本。

做细分领域的风格品牌，更适合在线上触达全国范围的目标消费者，因为只有在更大的流量池中才能筛选出足够大的细分客流规模。

不是所有的差异化、独特性的产品风格，都有受众消费群；即便有一部分消费者，也不是所有的差异化产品的目标消费者都有一定规模；即便有的服装风格有一定的消费者规模，也不是所有风格的产品销售周期，都值得去投入团队等运营成本。经营者需要从这三个层面，去评估一个差异化产品的市场投入成本和市场价值。

服饰商业中，的确存在非常多的差异化商业机会，比较保险的判断方式是，从消费者分层需求角度梳理需求属性和交叉需求规模，并结合市场形态，分析和判断哪一种差异化是有潜在市场机会的，而不是仅仅做自己想做的差异化。

很多设计师品牌在创业初期，容易忽视有效差异化的理性分析，为了坚持自己，不调整设计手法而持续亏损。客观来讲，新兴设计师的创新能量特别宝贵，不受约束才会有完全颠覆的设计作品出现。但是，商业设计存在的价值是解决需求问题，商业设计需要一些条条框框的分析，而很多设计师不习惯这样去思考和设计。

从创新设计角度来说，设计师做不出目标导向的创意主要有两个原因。

一是不愿意。设计师希望的就是打破过去，坚持做自己、证明自己、表达自己，并不是想要商业上的成功，或者对商业成功与否看得比较淡。

二是设计水准不够。大部分设计师只对自己有感觉的设计，有创意冲动，对没有感觉的设计完全找不到思路。量化设计目标后再做出符合要求的设计，基本是有经验的资深设计师才能做到。

每一个商业品牌都需要能做到目标导向的成熟设计。我平时很欣赏一些很有想法的设计师，他们不是只在产品的设计表达方面有想法，而是从产品商业设计策略、理念到产品设计落地有完整的想法。这样的想法是可以拿到商业结果的。

喜欢强调差异化的有面料领域，运动、休闲等标品领域对面料的功能性比较依赖。很多面料商在向成品品牌推荐自己的面料时，通常会强调自己的差异化。

比如纱线面料的研发，距离市场消费者较远，中间隔着品牌、品牌战略决策、市场营销需求决策、设计企划人员的认知决策，以及消费群策略、需求价值定义等环节。需求信息沟通不畅，使得纱线面料研发是凭自己的市场感觉去做，然后再由客户进行选择。因为纱线面料切入的研发目标并不确定就是客户想要的，因此强调差异化，用差异化与竞争对手区分开来，说服客户来选择自己的面料，这种供求关系就成为一种很自然的现象。

其实，消费者对服装功能面料的需求痛点并不是无限的。大量的无实际作用的所谓面料科技，是被过度开发的，越来越多的消费者认识到简单的天然面料其实更实用。

有一种差异化是比较合理的，就是面料开发在结合使用场景进行功能开发的同时，在美学上为品牌的调性、基因赋能。这种差异化也是有必要的。面料开发的差异化，要在品牌定位、品牌竞争力、品牌理念表达等独特性基础上进行差异化，才是值得的。因此品牌企业和面料商的深度合作，比如共享需求数据、需求信息，是解决低效面料研发的主要方向。

> 不做没有需求概率的差异化，本质上需要企业战略方向清晰，对市场需求、消费者需求判断准确。品牌企业和上游供应链企业之间要建立专业的沟通体系和紧密的合作机制，而不是做因为差异化而差异化的低效研发。

## 设计创意力量要聚焦于需求导向

将设计创意的力量集中到需求导向上，是指围绕消费者需求进行创意设计。本书中我用大篇幅讲解了如何分层理解服饰消费者需求、如何洞察需求情绪等，是因为大部分企业对服饰消费需求的前期洞察做得不够，一般是先有产品再去寻找市场测试产品是否好卖，一开始就做不到需求导向。

很多企业缺乏需求导向的设计创意和研发，即便品牌进入市场后的后续研发，也是根据销售产品形态进行的跟随研发。做到以消费者需求为导向进行产品研发的企业还比较少。

企业有了洞察消费者需求的意识和方法之后，如何实现以消费者需求为导向的研发，实现精准创意？我为大家总结了几个比较成熟的方法。

## 1. 设计思维法

通过设计思维来解决问题，而不是通过运营、营销来解决问题。设计思维强调从消费者需求、市场需求的角度出发，理解消费者的需求属性、痛点和痒点，然后通过迭代和测试来找到最佳解决方案。这个过程的核心是观察、理解、想象和创新。通常，品牌设计会找到消费者原型，通过深度访谈、沟通及互动来完善方案，以实现需求导向的设计。

## 2. 人物角色法

这种方法通过创建一个人物 IP，以这个人物 IP 为原型，进行人物角色的需求场景打造或风格美学设计，假设未来目标消费群的需求习惯及价值观偏好等，以便更好地理解他们的需求和行为。

人物角色包括背景、职业、喜好等信息，这里的关键是选定的人物 IP 在消费者需求群体中有一定的代表性和规模。具体的消费群类型的信息可以通过市场调研、用户访谈等方法获得。

设计思维法和人物角色法的区别是，设计思维重在解决一定规模下的需求问题，围绕问题进行设计创意，解决需求问题；而人物角色法是围绕某一个人物的综合条件进行适合的设计创意。两种设计创意的目标不同，覆盖需求的规模的算法也不同。因为覆盖规模的算法不同，因此在产品组合、关联设计方面，后期差异还是比较大的，结果会呈现为完全不同的品牌模式。

### 3. 用户旅程图法

用户旅程图是一种可视化工具，用于描述消费者在使用产品或服务的过程中经历的步骤和情绪。这种方法可以帮助设计师更好地理解消费者的体验和感受，从而找到改进和创新的机会点。这种方法比较适合标品领域，个性化的商品在用户体验旅程图中的表现差异会比较大。

品牌进入市场后，迭代升级产品设计往往会用这种方法。

### 4. A/B 测试法

A/B 测试是一种统计方法，通过比较两个或多个设计版本的效果，来决定哪个版本更有效。这种方法是目前业内比较常用的方法，通过具体真实的多款研发，让消费者挑选，来实现了解消费者需求和偏好的目的，从而优化设计方案。

　　这种方法的缺点是，设计很多款式供消费者选择，但消费者的潜在需求款式可能并没有出现。选择是一个比较过程，在现有的款式中比较，反映出的真实需求可能只是一部分。另外，由于研发周期和销售季节性，很多款式没有设计优化时间，没有通过选款再优化设计的需求挖掘，其作用通常不会得到完全的发挥。当然，现在的 AI 设计效率比较高，可以解决研发周期过长的问题，筛选款式得到了一定程度的改善。

　　除了以上方法之外，对于迫切需要提升研发效率、升级品牌定位、处于转折期的品牌企业，我比较推荐的是量化需求、量化设计，成体系地解决需求导向的创意研发。主要是因为行业当下面临的问题比较多元——消费者价值观改变导致的品牌价值理念诉求需要升级，产品供给过剩导致的竞争过度，消费者需求预算减少导致需求欲望降低，运营直播面临的流量竞争等。

　　每一个品牌企业同一个时间段需要解决多个问题，需要通过量化品牌战略需求、量化品牌基因升级需求、量化产品策略需求、量化消费者需求，来系统地思考。把这些需求汇总并逐步分析后，再进行有目标的精准创意设计，是比较高效的解决方案。

　　当然，这些方法不是孤立的，设计师为了更好地理解消费者需求，创造出更符合消费者需求的精准创意设计，解决竞争和品牌升级等问题，可以分步骤进行。

　　服装行业有很多神话，某某老板因为某年做了某一个风格突然就火了，某某品牌因为调整了某个产品设计生意就开始做起来了……这些现象表面看有运气成分，其实是符合了某一个时间段的需求导向。设计创意坚持需求导向，是解决需求最近的办法。

## 升级迭代一种需求，产生新的情绪

产生新的消费需求情绪，不用大动干戈，在原来的产品需求属性上进行需求升级迭代是比较安全的方式。

升级迭代需求，不是简单地换面料、换颜色，换面料、换颜色是维持过去的需求，而不是迭代需求。

升级迭代需求，也不是迭代产品，而是给消费者创造新的需求属性。

比如，内衣的需求是舒适性与功能性，如果在此基础上增加可搭配性，就是从需求属性角度进行的迭代升级。我们讲过，消费者需求分为五个维度，升级迭代需求属性，就是从这五个维度去思考如何增加产品的需求属性。

升级迭代产品的需求属性，对于标品而言是一个惯用策略。但是运动、内衣等标品领域，升级迭代的需求属性通常都集中在功能层。比如，一些高端运动户外品牌会在社交层面定义产品的功能性需求，一些中档运动品牌会从穿着场景角度定义产品的升级需求，一些休闲品牌则从百搭、舒适等角度升级产品。这些都是功能层维度的需求。

当运动品牌开始在功能层的基础上，叠加审美与风格需求、情绪需求，或者其他层面的需求，就会引来较高的消费者响应度，因为这是不同维度的需求迭代。

消费者的每一个需求维度都由多个需求属性构成，每一个品牌在升级迭代中都需要把握好节奏，不能过快也不能过慢，以跑赢竞争对手为原则。这里需要重视的是，升级某一种消费需求，需要更具体地去洞察目标消费者的需求，升级需求不能靠自我感觉，要避免吃力不讨好的现象发生。

时装、时装包、时尚配饰等非标品类，在升级迭代需求时，逻辑和标品类的一样，只不过重要性排序方面，通常是审美与风格需求、情绪需求、人文价值观需求排在前面，而功能性需求往往做得不到位。品牌可以根据自身产品在消费者价值诉求方面的优劣势，选择升级哪一类消费需求。

**相对而言，升级迭代一种消费需求，比升级迭代产品角度的决策，对消费者来说更务实、更实际。在升级时选择某种设计元素表达情绪，也更容易判断出消费者喜欢与不喜欢的具体原因。**

如果在内测阶段这样做，就可以对产品进行修正和优化，设计出消费者喜欢的产品。


## 把大众情绪变成创意原点


大众情绪，指的是流行范围比较广的流行价值观或者流行情绪，比如实用主义、治愈、民族自信、多巴胺等。每一年专业机构都会有对大众流行情绪的预测、消费者趋势相关报告，从中不难发现一些涉及范围较广的需求情绪。更大规模的情绪，意味着更大规模的需求市场，这种情绪的需求接受度高，从商业角度看，大范围的流行情绪也有着较长的市场周期。

事实上，市场上缺少的不是某种大众情绪的流行，而往往是某种大众情绪来临时，缺少恰好的设计创意，或者好的商业设计品牌。通常在某种大众情绪流行一两年以后，市场上才慢慢出现设计质量看起来不错的品牌或产品。这是一种设计创意消化能力滞后的表现。

很多品牌对流行情绪角度的创意，缺乏深度理解和设计能力，往往一开始看不透趋势，或者设计决策上比较保守，选择跟风设计、观察市场。这会丢失早期的商业机会，等到大家都反应过来，就失去了最佳的出圈时机。

也有一些比较超前的设计师品牌，在大众情绪需求趋势来临前就洞察到了，并且很快把这种商业嗅觉融入产品设计，把握住了时机。当然，太过早的趋势情绪设计，对大部分消费者来说还不是一种情绪需求，他们可能感受不到，因此难以最大化实现商业目标。

把大众情绪变成创意原点，除了要把握时机以外，还要记住，创意设计是否畅销，关键在于创意设计质量。能够在保留品牌基因调性，以及消费者需要的功能性需求的基础上，选择对的设计元素和新的设计手法，把各种设计需求有效结合并呈现较高的设计完整度，这需要设计师有综合专业水准。其中虽然存在一些方法体系，但这些方法体系往往被视为企业的核心竞争优势，具有商业机密性。本质上，AI 的创意设计不能解决这个问题，AI 可以为人类赋能，帮助人类突破创意设计思路，做出更精准的创意设计，但提升创意设计质量还得靠我们自己。

# 在艺术手法中寻找情绪表达

各个领域的艺术与美是相通的。

在画作、手工艺品、建筑设计、环境设计、服装设计等艺术作品中，有着非常广泛的大众审美基础。每当大众都能看懂的艺术设计手法出现，就会迎来较普遍的好评。这些不同领域的作品设计，之所以广泛被消费者欣赏，是因为其呈现形式有一定的视觉审美规律。如果把这些有视觉审美规律的艺术设计手法与消费者喜欢的情绪相关的设计元素结合起来，就会创造新的情绪表达。

这种纯粹美学视角的情绪，比较容易形成品牌影响力、时尚话题，为品牌带来盈利增长和品牌力角度的深远影响。

比较常见的有视觉审美规律的艺术设计手法有：

## 1. 节奏感设计手法

利用设计元素知觉层的感受，进行设计元素间的虚实、动静、松紧、粗糙与细腻、坚硬与柔软等对比设计，给消费者带来感知层的节奏感。

这种因为对比产生的节奏感，一方面可以呈现更丰富的层次，另一方面呈现规律的排列顺序，从心理学角度而言，容易让消费者得到审美欣赏的满足感。比如迪奥女装就擅长利用面料的肌理对比设计手法，为传统的廓形结构呈现富有秩序感的丰富层次。

## 2. 视觉残像

视觉残像是利用设计元素的形状、线条的轮廓特征，结合虚实、肌理的变化，不断重复再现，让整个作品呈现比较有平衡感的美学效果。

这种设计手法之所以受人欢迎，是因为我们每个人看到任何一个物体时，眼睛都会产生一种视觉残像。比如我们看白色天花板上的顶灯，如果这个顶灯是正方形的，看久了，再移开眼睛去看其他空白的地方，我们会看到一个正方形的影子。这种现象就是视觉残像。

如果前面有一个身材窈窕、长发、穿连衣裙的女孩，你的脑海中可能会自然想象她的脸是好看的，这种联想是脑神经的记忆残像，因为你看多了类似的图片案例，看到某一个画面就会想起另外一个画面。

视觉残像有时会和记忆残像混在一起影响我们的大脑与视觉偏好。如果我们把这种原理用在设计中，就容易引起消费者的审美共鸣。举例，一款廓形的休闲连衣裙，如果裙子裁剪结构中，比如肩带有一些隐形的方形轮廓的线条设计，那么这款连衣裙看上去就会高级很多。或者，一个相似的图案，大小不一、虚实不同地排列在一件作品中，也会带给人视觉残像的满足感，让这件作品视觉上变得平衡舒适。

普遍存在于艺术设计中的设计手法，还有多层次表达、极致表达、经典比例、趣味设计、建筑结构力学、功能美学、修饰美学等。我们可以在过去成熟的设计中寻找一些比较稳定的设计手法，也可以在新兴设计师的设计作品中，寻找全新的设计手法。

总之，被大众审美验证过的设计中，一定可以抽离出某些优秀的设计基因，将这些优秀的设计基因和我们需要的设计元素，或者消费者需求结合，可能就会创造出受欢迎的产品设计。

## 重塑设计基因

品牌走过四五年之后，如果没有成为经典，那么就必须面对品牌美学调性和基因重塑的问题。消费者需求价值观、需求情绪一直在变化，品牌设计如果做不到高完整度，也不想跟风，那么通过重塑或升级品牌的设计基因，来应对消费者需求升级是必然的。

但是很可惜，现实往往不是这样的，大部分品牌一旦有过某个风格畅销的经历，从此就会背上"包袱"。他们认为品牌的风格一旦被市场验证，那么就是对的，多年都不敢改变。这实际上是不敢改变他们在消费者心目中的印象，怕调整太多会让老顾客不认识、不喜欢，每季的产品开发都小心翼翼地维护过去的审美调性。

这些品牌没有梳理：原来的消费需求是什么；品牌的产品基因哪些维度是不能变的；如果升级品牌的设计基因，应该如何调整设计思路；等等。品牌每年都在分析过去的畅销款，以及在引入趋势元素的基础上研究怎么保持品牌调性，品牌设计研发基本都是在固定的路线上吃老本。这种产品设计策略在品牌风格畅销早期和之后的一两年是有必要的，因为让消费者接受，扩大消费群规模需要有足够长的销售周期。但是如果品牌风格过了旺销期走向平淡，尤其老顾客流量明显减少，那么就到了升级品牌设计基因的时候。

品牌通过升级设计基因，来塑造或者创新呈现新的情绪需求，可以帮助品牌保持持续热销。

我们在前文简单提到过产品基因，产品基因包括品质工艺、价格价值、消费需求与调性、设计基因几个部分。每个品牌的产品基因，主要是针对内部产品研发、沟通需要设定的。产品基因规划得越具体，产品精准研发的效率越高，尤其是设计基因部分，最容易因为沟通不畅出现偏差。

再次强调，设计基因包括设计手法、设计尺度、设计层次、创意源、搭配模型五个要素（见图7）。其中体现了设计思路和设计分寸感。

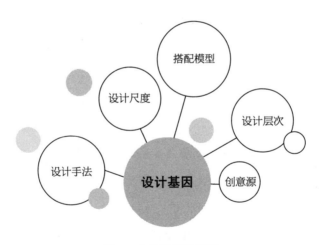

**图7　产品的设计基因**

## 1. 设计手法

设计手法，主要是指产品的设计要表达什么、怎么表达。表达什么，是根据消费者需求和品牌价值理念诉求来设计表达目标，通常设计元素的选择决定了要表达什么。怎么表达，就是具体设计元素的运用、排列关系、结合方式是怎样的。

## 2. 设计尺度

设计尺度，是指设计元素在排列顺序、位置关系、比例关系等层面呈现的夸张度，这一点对应了消费者对审美接受的分寸感。设计尺度的规划是一种很好的突破过去、平衡创意的管控方式。

## 3. 设计层次

设计层次，是指产品的设计创意概念点在一件成衣中的数量，通常设计层次越多，需要的设计水准越高。当然，并不是说设计层次越多越好，表达不清晰、不精准，设计层次越多反而越让人反感。很多简约的设计，实际上是把多个设计创意概念点在一件成衣中进行了隐形处理，看起来简约，其实是不简单的设计，这是大部分人乐于接受的。

随着市场竞争，服装品牌的设计层次在逐年走高。我们现在看到的一二线品牌的服装产品，通常设计层次在6~8层；三四线品牌的服装产品，通常设计层次在4~6层；五六线及以下品牌的服装产品，通常设计层次在4层以下。因此，设计层次是一个赢得同类品牌竞争的产品策略。同样的风格，增加一个设计层次，看起来产品的性价比更高。当然，这非常考验设计师的功底。

## 4. 创意源

创意源，是指品牌每年新品开发的创意源头来自哪里。创意源稳定，有利于品牌实现商业效率。创意源的选择与运用方向的规划，可以帮助品牌的设计创新得到更多的消费者喜欢。

## 5. 搭配模型

搭配模型，是指服装单品的设计要考虑消费者穿搭的整体效果。这个整体效果取决于品牌产品的廓形结构关系、面料运用关系、色彩色调关系等。搭配模型的规划设计，不但可以吸引消费者整体穿搭并购买，还可以帮助消费者实现无缝衔接式的跨季混搭，降低消费者搭配选择成本，增加消费者黏性。也因此，品牌的品类盈利策略会更加清晰稳定。

深入思考设计基因中的五个要素，在风格需求框架不变的情况下，调整某个设计基因，可以在老顾客那里创造新的情绪需求，同时积累新顾客。每个以风格调性定位的品牌，通常两三年就需要重塑一次设计基因，来实现品牌的持续畅销。当然，两三年只是一个平均数，每个品牌的旺销周期不一样，需要结合老顾客销售数据，来判断是否需要升级设计基因。

重塑设计基因有非常多的变化，可以调整设计手法，可以调整设计尺度，也可以增加设计层次，或者改变创意源、搭配模型等。这里的原则就是风格需求框架不变，否则会丢失老顾客。（风格需求框架不变，不等于风格表现不变。）

**有节奏地重塑设计基因，两三年做一次风格调性的深度梳理和迭代升级，是帮助品牌畅销的有效策略。设计基因的每一次重塑，都是一次风格战略的调整，品牌因此可以跨越一个又一个消费周期。**

重塑设计基因，不仅可以呈现新的需求情绪，也可以选择呈现新的需求功能、需求价值，总之设计基因是时尚品牌成为常青树的必然工具。

从消费者需求视角，进行产品创新设计的方法还有很多。很多方法都藏在品牌消费者的需求定位中，期待你的深度思考，用心挖掘属于你自己品牌的设计创新模式。

# 后记　体系的力量

因为消费者的需求属性不同，所以消费者对品类的选择价值观不同；因为消费者的选择价值观不同，所以每个品类、每个风格的市场竞争规律不同；因为市场竞争规律不同，所以品类、风格的生命周期规律不同；因为品类、风格的生命周期规律不同，所以每个企业适合的品牌战略、盈利模式、研发模式不同。

我们不需要掌握所有的不同，但是需要理解自己所做的品牌在其中的逻辑关系。

过去，服装商品企划中有一个五适原则，即适合的产品、适合的价格、适合的时间、适合的数量、适合的卖场。这在今天明显不完全适用了。卖场、价格已经不是影响销量的主因，时间上也因为线上覆盖而模糊了一个品类的热销时间轴，适合的产品也会因为同质化竞争变得不一定适合。评估一个品牌产品好卖的条件变了，这些条件包括适合的需求动机、适合的情绪、适合的竞争策略优势、适合的设计创新、适合的市场时机、适合的数量与价格……我们需要把适合的需求框架，变成具体的指向性内容，这是决策体系的改变。

关于系统决策闭环体系，对于服饰企业来说，还有一些关键要点，希望以后有机会再与大家分享。

比如，在量化需求方面，本书重点是量化消费需求与决策的关系，但是量化战略需求、量化品牌基因需求、量化产品策略需求、量化趋势需求，并把这些量化需求转换为设计需求的具体方式方法没有展开，这关系到需求企划在设计中的落地精准性。

比如，一个品牌需要应对市场变化的执行要点，是品牌基因体系的搭建。不同需求集成的价值诉求选择，会影响品牌基因应变体系规划怎么做。

比如，识别需求时机的关键是四大趋势的洞察分析，从四大趋势演变阶段的节奏中寻找时机，本书只展开了消费需求趋势洞察的一些方法，对其他几个趋势分析没有展开。

新的市场环境下，需要建立新的品牌商业设计决策执行系统，而不是用过去的经验和方法来解决现在和未来的问题。这个完整的系统，有人叫作大商品企划，有人叫作品牌操盘，我更习惯称为商业设计决策体系，因为其中包括了创意、战略、盈利模式、管理执行体系等综合商业设计系统能力。

我们很容易看到行业营销模式、销售模式的改变，但决策模式、运营战略模式这些偏深度的改变，是不容易看到的。希望未来有机会继续为大家展开相关的心得与实战方法。

成熟的行业形态，需要的不是一个点子的新奇特，也不是一阵子的投机生意，而是一个系统的竞争力。

最后我想说，细分时代，服装行业在品牌力、商业设计决策方面

面临的严峻挑战，要求企业组织系统拥有新的系统能力。完善企业的
商业设计决策体系，拥有组织体系竞争力，是应对需求不确定和需求
变化的基石，同时也是其他人抄不走的企业基因。

　　希望，未来我们还会见面！

同质化时代，如何让品牌脱颖而出？

个性化需求爆发，如何实现规模化增长？

如何设计让消费者心动的情感化产品？

如何让老顾客忠诚，同时源源不断吸引新顾客？

......

消费需求背后，藏着品牌增长的终极密码。忽视需求变化，品牌的成功与失败都只是盲人摸象。无论是老品牌转型升级，还是新品牌破圈崛起，抑或是细分市场的个性化突围，一切的核心，都是读懂消费者，跑赢需求变化，跑赢竞争对手。本书不只是服饰品牌的升级指南，更是其他消费品牌的业绩增长秘籍。

关注"时代光华出版"公众号
了解更多好书资讯

策　　划：北京时代光华图书有限公司
　　　　　微博：@时代光华图书出版
策划编辑：马兴欢
责任编辑：刘　芳
合作热线：010-82345436
团购电话：010-82893564
投稿邮箱：sdghbooks@163.com
封面设计：柏拉图设计

消费者的需求和审美很难量化，是服饰企业决策的最大痛点。贾小艺老师在本书中，分享了用分层分析、分层决策来量化消费者感性需求和理性需求的方法与工具，为服饰企业的决策提供了强有力支持。

**三福时尚商品中心副总经理　方巧明**

贾老师这本专著是从消费者角度与品牌对话的教科书。多年来贾老师一直致力于消费者需求研究，本书内容给人耳目一新的感觉，给服饰行业带来全新的思考。

**潮叔讲潮流社群创始人　潮叔**

知识和经验犹如基石，可以构建起我们应对世界的能力。特别感谢贾老师用心分享《服饰品牌升级：跑赢需求变化》。这本书给我们带来了深刻启发，提醒我们在这瞬息万变的时代，永远不要停止学习和思考。而经验的分享同样宝贵，能照亮彼此前行的道路。

**罗卡芙家纺董事、副总经理　倪静**

贾小艺老师是行业内为数不多的既理解消费者市场又懂品牌系统的专业人士，也是我们一直长期合作的专家导师。本书是一部不可多得的行业力作，是企业进行品牌打造及运营的指南针，不仅给予终端品牌以方向方法，也给供应链商家以启发启迪！

**YIWAY-Xlab新品制造局创始人　张巍**

ISBN 978-7-5139-4846-3

民主与建设出版社
微信公众号

9 787513 948463 >

定价：65.00元